Catalogue

de la collection

d'Estampes et Dessins,

delaisée par feu M[r.]

le Chevalier Gabriel, noble de Fumée,

Conseiller en la cour d'appellation J. et R.

dont la vente se fera

à

Vienne le   1826, et jours suivants,

en ville, Rûe

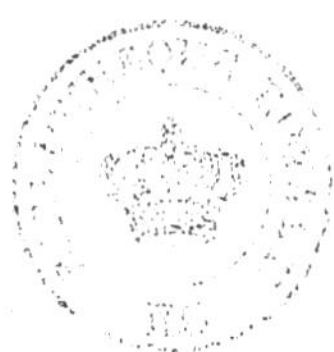

>>>>>«««««

Le présent Catalogue se distribue au Magasin des beaux-arts
de M. M. Artaria et Comp. au Kohlmarkt, Nro. 1151,
qui se chargent des Commissions.

VIENNE, 1826.

ABEL, JOSEPH.

Nro. 1 **P**ortrait du peintre Joseph Abel; gravé à l'eau-forte, par lui-même. 4. en h. Bonne épreuve.

2 Portrait du père de Joseph Abel; Idem. Belle épr.

3 Le même portrait; Idem. Idem.

4 Portrait de M. de Molitor. Idem. Idem.

5 Le même portrait; Idem. Idem.

6 4 p. Etudes de têtes et de bustes. 8, en h. Id.

7 2 p. Etudes d'une femme assise par terre et d'une autre assise devant une table. Idem.

8 2 p. Venus caressant l'amour et femme avec deux enfants. 4. en h. Idem.

9 St. Jean Baptiste. Idem. Idem.

10 L'adoration des bergers. Morceau gravé à l'eau-forte et repassé d'un l'avis d'aquatinta. Idem. Idem.

11 Socrate dictant ses dernières volontés. Fol. en L. Idem.

12 La même p. Epr. à l'eauforte pûre.

ABERLI, J. L.

13 Suite de 10 vûes de la Suisse, in 8. en tr. nu-mérotées 1—10. Le premier morceau offre la vûe de Luschez, le dernier une vûe à Mont-cherand près d'Orbe. Estampes coloriées.

14 3 autres p. Vûes de Niedau et de Berne. Fol. en L. Idem.

15 4 autres p. Vûes de Brientz, Vevey, Lausan-ne et Oberhasli. Idem. Idem.

Nro. 16   2 autres p. Vûe d'Yverdon et Vûe de Cerlier. Idem. Idem.

17   Les 2 mêmes p. répétées.

AGRICOLA, CHARLES.

18   2 p. Etudes de têtes; d'apr. FÜGER. 12mo. et 8vo. en L. Belles épr.

19   La Sainte Vierge et l'enfant Jésus, d'après HOLBEIN; 8vo. en quarré. Belle épr.

20   Joseph en prison; d'après MENGS. 8. en L. Epr. avt. l. l.

21   Tobie et l'ange; d'après ELSHEIMER. Idem. Id.

22   Le Christ mort et l'ange, d'apr. ANN. CARRACHE. 4. en h. Belle épr.

23   Venus assise dans un bois, d'apr. ELSHEIMER. 4. en L. Idem.

24   La même p. Epr. avt. l. l.

25   Homère en extase; d'après FÜGER. 4. en h. Belle épr.

26   Diane et Callisto, d'après LE DOMINIQUIN. 4. en L. Epr. avt. l. l.

27   Buste d'une Orientale; Man. noire in Fol. en h. Très belle épr.

28   Buste de Hundskarrer; Fol. en h. Belle épr.

29   Portrait de Fr. Aug. Brand, d'après SCHALLHAS. Fol. en h. Belle épr.

30   La déposition de la croix. RAPHAEL. Fol. en L. Sup. épr.

31   La Sainte Vierge, Jésus et St. Jean, groupés dans un paysage. RAPHAEL. Fol. en h. Prem. et sup. épr. avt. l. l.

32   2 p. Le jugement de Salomon et les funerailles de Cupidon; d'après N. POUSSIN. Fol. en L. Prem. épr. avt. l. l.

Nro. 33 Les deux p. précédentes. Sup. épr. sur papier jaune.

AKEN, JEAN VAN

34 Suite de 6 p. différens chevaux. *P. G. Vol.* I. *Nro.* 1—6. Bonnes épr.

35 Halte de voyageurs, *Nro.* 17. Très belle épr.

36 4 p. Les voyageurs; les trois bateaux; la barque; le repos; *Nro.* 18—21. Très belles épr.

37 2 p. *Nro.* 18. et 21. repétées. Idem.

ALBERTI, CHERUBIN.

38 Le christ au jardin des Olives. *P. Gr. XVII.* p. 56. *Nro.* 17. *Prem. et rare épr. avant la dedicace* dans la marge d'en bas.

39 2 p. Promethée et Venus; *Nro.* 91 et 93. Anc. et belles épr.

40 4 p. Les saisons; *Nro.* 101—104. Bonnes épr.

41 3 p. Persée et l'Enlevement des Sabines *Nro.* 108. 109. 112. Idem.

42 3 p. Judith; la renommée; le génie; *Nro.* 6. 135 et 141. Idem.

43 Jeune homme débout sur un dauphin. *Nro.* 144. Epr. avec le chiffre.

44 La même p. Epr. avant le chiffre.

45 La statue du Nil. *Nro.* 155. Anc. Epr. Vers là droite d'en bas: *Nico. van Aelst for.*

ALDEGREVER, HENRI.

46 7 p. divers sujets; *P. G. Vol. VIII. Nro.* 22. 76. 86. 101. 162. 163 *et* 286. Epr. médiocres.

47 Son portrait; Nro. 181. Belle épr. un peu endommagée à la droite d'en haut.

*

ALESSANDRI, j.

Nro. 48 4 p. Sujets saints. Fol. en h. Belles épr.

ALMELOVEEN, jean.

49 Suite de 6 p. Le port; les moissonneurs; le moulin; la promenade; la barque; les voyageurs; *Nro.* 21—26. Belles épr.

5o 2 p. La barque; le radoubeur; *P. G. Vol. I. Nro.* 17 *et* 18. Très belles épr.

ALTORFER, alb.

51 3 p. *P. G. Vol. VIII. Nro.* 14. 21 *et* 23. Epr. foibles.

AMATO, franc.

52 St. Joseph; *P. G. Vol. XXI. p.* 205. *Nro.* 2. Belle épr.

AMSTEL, ploos van.

53 Portrait d'homme, d'apr. vandych. 4. en Quarré.

ANDRIOT, fr.

54 Le martyre de St. Jean: d'après lebrun. Fol. en L. Belle épr.

ANESI, paul.

55 10 p. Vües d'Italie dediées au Cardinal Imperiali. Dessinées et gravées a l'eauforte par Paoli Annesi Anno 1725. 8. en L. Belles épr.

ANONYME.

56 La charité; Gravure à l'eauf. d'apr. raphael. *Brouillot, Table générale, Sect. II. p.* 693. *Nro.* 1558. Belle épr.

AQUILA, pierre.

57 2 p. Sujets mythologiques; d'après carrache. Fol. en L. Belles épr.

Nro. 58 2 p. Retour d'Egypte et le Corps mort de N.
S. Fol. en h. Idem.

59 2 p. Moise frappant le rocher et la coupole de
S. Pierre, d'apr. c. FERRI. Fol. en L. Bonnes
épreuves.

60 4 p. Le sacrifice de Polyxène et de Senaro-
fonte, l'enlevement des Sabines et Marche
de Sylène. Idem. Idem.

61 4 p. La mort de la Vierge, Deux batailles et
Vesta. Idem. Idem.

62 La vierge dite au pistolet. c. MARATTE. Fol. en
h. Belle épr.

63 La même p. Idem.

64 L'apothéose de St. Ambroise et de St. Charles
Borromée; id. id.

65 Triomphe de Bacchus; d'apr. P. DE CORTÒNE;
Fol. en L. Idem.

66 9 p. (y compris le titre). Les peintures de LAN-
FRANCO, au jardin Borghèse. Fol. en tr. Belles épr.

67 Les Loges du Vatican, en 19 feuilles. gr. Fol.
en L. RAPHAEL. Belles épr. Reliés en carton.

ARDELL, J. M.

68 Mr. Pine, d'après HOGARTH. Man. noire. Fol.
en h. Belle épr.

69 Cupidon et Psyché; d'apr. SCHALKEN. Idem.
Idem. Idem.

AUBERT, M.

70 La Ste. vierge et l'enfant Jésus adoré par St.
George. GIROL. MAZZUOLI. Fol. en h. Tr. belle
épreuve.

AUBIN, AUGUSTIN DE ST.

Nro. 71   2 Portraits: B. Franklin et J. Ph. Rameau. 4. en h. Bonnes épr.

72   188 p. Vignettes et pierres antiques du Cabinet d'Orléans. Sup. épr. dont quantité avt. l. l.

AUDENAERDE, ROBERT VAN.

73   Bethzabée au bain, d'apr. CHARLES MARATTE. Fol. en h. Belle épr.

74   L'annonciation à la Ste. Vierge. Idem. Idem.

75   La Mort de la Vierge. Fol. en L. Idem.

76   L'assomption de la Vierge. Fol. en h. Idem.

77   La Vierge au rosaire. Idem. Idem.

78   Le martyre de St. Blaise. Idem. Idem.

79   Janus; Fol. en L. Idem.

80   Remus et Romulus. Idem. Idem.

81   St. Philippe Neri. Idem. Fol. en h. Bonne épr.

82   La même p. Belle épr.

83   Eliezer et Rebecca. Idem. Idem.

84   La nativité de la Ste. Vierge; d'apr. ANN. CARRACHE. Idem. Idem.

85   Le répos en égypte; d'après MARATTE. 4. in sexagone. Belle épr.

86   4 p. Martyres de Saints etc. Fol. en h. et en L.

AUDRAN, BENOIT.

87   7 p. Les sept sacrements. LE POUSSIN. Fol. en L. Belles épr.

AUDRAN, GIRARD.

88   Le combat de Josué, d'apr. LAFAGE. Fol. en L. Belle épr.

89   La lapidation de St. Etienne, d'après LEBRUN. Fol. en h. Sup. épr.

Nro. 90 La mort de St. François. ANN. CARRACHE. Fol. en h. Belle épr.

91 La martyre de St. Gervais et de St. Protais. d'après LESUEUR. Fol. en L. Epr. endommagée.

92 Le martyre d'un saint, d'après LE BRUN. Idem. Très belle épr.

93 Ulysse découvrant Achille, d'apr. ANN. CARRACHE. Fol. en h. Tr. belle épr.

94 Enée sauvant son père, d'après LE DOMINIQUIN. Belle épr. Idem.

95 Le tems enlevant la vérité, d'apr. N. POUSSIN. Prem. épr. avt. la draperie.

AUDRAN, JEAN.

96 4 p. Sujets de l'histoire sainte. Pet. in Fol. en L. Belles épr.

97 4 autres dont une avt. l. l. Idem. Idem.

98 St. Gayetan; d'après LANGOT. Fol. en h. Très belle épr.

99 8 p. différents sujets mythologiques, gravés d'après des pierres antiques par Audran, Chérion, Picard, Simmonneau et Thomassin. 8. en oval. Bonnes épr.

AVONT, P. VAN,

100 Suite de 20 p. avec des anges en différ. attitudes. Gravures à l'eauf. in 8. en h. Bell. épr.

BADIALLI, ALEXANDRE.

101 La Vierge avec l'enfant Jésus, adorés par St. Antoine et un St. Evêque. Grav. à l'eauf. in Fol. en h. Belle épr.

BAILLU, P. DE.

102 2 p. L'enlevement d'Hipodamie et Progné, d'après RUBENS. *Catalogue de l'oeuvre de*

Rubens par Basan. Page 92 *et* 97. *Nro.* 15 *et* 36. Bonnes épr.

BAILLY, J.

Nro. 103 Suite de 12 p. Diverses flevrs mises en Bouc-quets dessignées et Gravées par J. Bailly, Peintre du Roy. Grav. à l'eauforte in Fol. en h. Belles épr.

BALECHOU, J. J.

104 Le calme, d'apr. VERNET. Fol. en L. Prem. épr. avant les tailles sur la dédicace. Elle est avec l'adr. de P. Arnavon.

105 La tempête, d'apr. LE MEME. Fol. en L. Tr. belle épr. avt. les tailles sur la dédicace.

106 Les baigneuses; d'apr. LE MEME. Fol. en L. Prem. et tr. belle épr. dite : *au mollet blanc*.

107 I. G. Grillot, d'apr. AUTREAU. Fol. en h. Belle épr.

108 Henri Comte de Bruhl; d'apr. SILVESTRE. Id. Bonne épr.

109 Charles Rollin, d'apr. COYPEL. Idem. Très belle épr.

BALESTRA, ANT.

110 La Ste. Vierge, *P. G. XXI. Nro.* 1. Bonne épreuve.

BARGAS, A. F.

111 3 p. Halte de cavaliers devant une auberge de village; Danse de villageois dans une rue traversée d'un pont; Place publique d'un village, remplie de monde; — Gravures à l'eauf. in 8. et 4. en L. Belle épr.

112 2 p. La mariée conduite à l'église; et le marché de campagne; *P. G. Vol. IV. p.* 404.

Fol. en **L.** Belles épr. les marges blanches en bas coupées.

Nro. 113 Les mêmes p. Idem, les marges non coupées.

BARLOW, françois.

114 10 p. d'une Suite d'oiseaux domestiques. 12. en tr. Belles épr.

BARON, bern.

115 Jupiter et Antiope, d'apr. le titien. Fol. en L. Belle épr.

116 Ste. Cécile, touchant l'orgue; d'apr. c. dolce. Fol. en h. Idem.

117 Le médecin Richard Mead, d'après ramsay. Fol. en h. Belle épr.

BAROZIO, frederic.

118 L'annonciation; *P. G. Vol. XX. Nro.* 1. Belle épr.

119 La Ste. Vierge assise, *Nro.* 2. Tr. belle épr.

120 St. François stigmatisé. *Nro.* 3. Epr. Endomagée.

121 La même p. Belle épr.

122 Le pardon de St. François. *Nro.* 4. Belle épr.

123 La même p. Idem.

BARRI, joachim.

124 2 p. Antiochus et Constantin, d'apr. lucchesi. Grav. à l'eauf. in Fol. en tr. Belles épr.

BARTOLI, p. san.

125 15 p. Les frises du Vatican. raphael. Belles épr.

126 Le glorieux St. André, Apôtre. c. maratte. Pet. in Fol. en h. Bonne épr.

BARTOLOZZI, FRANÇOIS.

Nro. 127 10 p. d'apr. des dessins du GUERCHIN.. Belles épr.

128 5 p. d'apr. MARATTE; CARRACHE etc. Idem.

129 6 p. d'apr. des dessins du GUERCHIN. Idem.

130 7 p. id. id.

131 5 p. Portraits et sujets div. dont 3 en couleurs. 4. en h.

132 2 Portraits; Howard E. of Surrey et The Duke of Suffolk. J. HOLBEIN. Belles épr.

133 2 id. Lady Parker et Lady Audlay. Id. Id.

134 4 id. John Poines. — Earl of Darbey. — J. More. — Ch. Southwall. — Id. Id.

135 3 id. L. Wentworth. — L. Ormond. — Waramus. Id. Id.

136 L'amour formant son arc. LE CORREGE. Fol. en h. Belle épr.

137 La femme adultère. AUG. CARRACHE. Fol. en L. Au burin. Belle épr.

138 Mother and Child; CIPRIANI. 4. en h. Idem. Idem.

139 Vandyck's Wife; A. VAN DYK. Id. Id. Id.

140 4 p. sujets div. gravés chez Wagner.

141 5 p. Spring, Autumn, etc. imprimées en rouge.

142 3 p. Enfant avec écureuil et Beautés. impr. en brun.

143 2 p. Sacrifice à Cupidon et Triomphe de la beauté. CIPRIANI. Fol. en L. impr. en rouge.

144 La charité. V. DYK. Fol. en rond. Id.

145 Venus endormie. ANN. CARRACHE. Fol. en L. ovale. Belle épr.

146 6 p. en Couleurs. 4. en h.

Nro. 147 3 p. Comedy etc. en Coul. Fol. en h. et L.

148 4 p. Plafonds. FONTEBASSO. Apud Wagner. Fol. en h. et L.

149 10 p. d'apr. LE GUERCHIN etc. 4. en h.

150 8 p. Sujets saints; chez Wagner; Fol. en h.

151 Edward Lord Thurlow; d'apr. REYNOLDS. Fol. en h. Tr. Belle épr.

152 L'enlevement de Déjanire, d'apr. PECHAU. Fol. en h. Tr. belle épr.

153 La Ste. famille aux anges; d'apr. N. POUSSIN, Idem. Idem.

154 Samson rompant ses liens; d'apr. RIGAUD. Fol. en L. Idem.

155 La Vierge et les deux enfants, (*Le silence*), d'après ANN. CARRACHE. Id. Id.

156 La mort de Didon, d'apr. CIPRIANI. Fol. en L. Idem.

157 La circoncision; d'après LE GUERCHIN. Fol. en h. Belle épr.

158 Venus, Cupidon et le Satyre, d'apr. L. GIORDANO. Fol en L. Belle épr.

159 Clytie, d'apr. ANN. CARRACHE. Fol. en rond. Tr. belle épr.

160 La Madonna del Sacco; d'apr. DEL SARTO. Fol. en L. Idem.

161 2 paysages avec sujets mythologiques, d'après ZUCCARELLI. Fol. en L. (L'un est gravé par Wagner) Belles épr.

162 Suite de 14 feuilles avec 25 Sujets de la vie de St. Barthelemy et St. Nile, d'apr. les peintures du DOMINIQUIN. [grav. par Bartolozzi et autres graveurs.

BARTSCH, ADAM DE.

Nro. 163 Vignette emblèmatique; *Catalogue de l'oeuvre d'Adam de B. Nro.* 20. prem. Epr. Rare.

164 Portrait de l'auteur; *Nro.* 23. Anc. et très
belle épr.

165 4 p. Mad. M. *Nro.* 26.—Encadrement, *Nro.* 27.
prem. et tr. rare épr. — Lascy, *Nro.* 35. et le
prince de Ligne; *Nro.* 37.

166 Portrait de Chr. Brand; *Nro.* 42. prem. épr.
avt. l. l.

167 La même p. prem. épr. imprim. en brun.

168 Portrait du Baron Knesevich; *Nro.* 43. Belle
épreuve.

169 3 p. Cheval de charrûe, *Nro.* 52. Paysan
assis 78. et St. André *Nro.* 79. Belles épr.

170 Les boeufs en goguettes; *Nro.* 66. Prem. et
sup. épr.

171 Combat; *Nro.* 80. Seconde épr.

172 2 p. Le christ au tombeau, *Nro.* 82. et Jos.
Musso, *Nro.* 88. Belles épr.

173 4 p. Cavalier allem. *Nro.* 89. Toute prem. ép. —
A. Durer, *Nro.* 90. — St. Pierre *Nro.* 92;
Epr. d'essai. — Adam et Eve *Nro.* 93.

174 Buste de Vieillard; *Nro.* 95. Belle épr.

175 Portrait de Livens; *Nro.* 96. Prem. et rare
épr. avt. toute lettre, sur papier de la Chine.

176 Repos en égypte, *Nro.* 97. Tr. belle épr.

177 3 p. d'apr. R. Lafage, *Nro.* 104. 107 et 108.

178 Uranie; *Nro.* 110. Tr. belle épr.

179 3 p. Etudes, *Nro.* 111 et 116. Enfant assis,
Nro. 121. Belles épr.

180 2 p. Garçon avec chien; *Nro.* 122. Sec. épr.
Le concert; *Nro.* 144. Tr. belle épr.

Nro. 181 L'épagneul; *Nro.* 145. Prem. épr. Rare.

182 Paysage; *Nro.* 148. P. non terminée.

183 6 p. Chevaux de différ. races; *Nro.* 149—154. Les deux derniers Numéros avt. t. l.

184 Le Nro. 151 repeté. Epr. avt. toute lettre.

185 2 Cahiers contenant 16 p. Copies d'apr. des estampes décrites au Peintre - Graveur. *Nro.* 155—170. Epr. sur papier jaune.

186 4 p. de la suite précédente, savoir les *Nros.* 160. 164. 166. 169. Epr. sur pap. blanc.

187 2 p. Paysages avec troupeaux. *Nro.* 187 et 225. Prem. épr. avant les inscriptions.

188 Suite de 12 p. Etudes d'animaux d'apr. H. ROOS. *Nro.* 188—199. Belles épr.

189 Autre suite de 12 p. Etudes d'animaux, d'apr. H. ROOS. *Nro.* 200—211. Tr. belles épr.

190 2 p. de la suite précédente *Nro.* 204 et 210. Epr. d'essai. Rares.

191 Rôme et le génie de la gloire; *Nro.* 227. Prem. épr. avt. l. l. et les armes.

192 Buste de Vieillard; *Nro.* 228. Tr. belle épr.

193 Suite de 12 p. Etudes de chevaux. *Nro.* 229—240. Belles épr.

194 2 p. Buste de Terburg, *Nro.* 243. et Buste de Vieillard, *Nro.* 250. Prem. épr. avt. l. l.

195 Suite de 6 p. différents animaux; *Nro.* 244—249. Prem. et sup. épr. avt. l. l. et les Nros. (à l'exception du second morceau.)

196 Les chevaux en repos; *Nro.* 253. Prem. épr. avt. l. l.

197 La même p. *Epr. rarissime à l'eauf. pure et non terminée.* Le catalogue ne fait pas mention de cette épr.

Nro. 198 3 p. Cupidon, *Nro.* 254. — Vieillàrd *Nro.* 255. — Paysage *Nro.* 259.

199 4 p. Différentes études, *Nro.* 262—264 et 266. Belles épr.

200 3 p. Idem; *Nro.* 269. 273 et 276. Idem.

201 4 p. Idem; *Nro.* 277. 279. 296. 297. Idem.

202 4 p. Idem; *Nro.* 267. 270—272. Idem.

203 4 p. Idem; *Nro.* 274. 280. 282. 283. Idem.

204 4 p. Idem; *Nro.* 284. 285. 288. 297. Idem.

205 3 p. Idem; *Nro.* 299. 301. 302. Idem.

206 3 p. Idem; *Nro.* 314. Epr. antérieure. — 317 *et* 318. Idem.

207 4 p. Le Corrège, *Nro.* 326. — La mise au tombeau *Nro.* 327. — Autre, *Nro.* 328. Epr. d'essai. — Tête de Moise; *Nro.* 329. — Idem.

208 La Ste. Vierge; *Nro.* 334. Tr. belle épr.

209 La même p. Epr. avt. t. l.

210 La résurrection. *Nro.* 343. Epr. avt. l. l.

211 3 p. Silène, Bacchus et Appollon; *Nro.* 344—346. Belles épr.

212 5 p. Etudes. *Nro.* 339. 348. 349. 350. 351. Idem.

213 2 p. Appollon, *Nro.* 352. — Faunes *Nro.* 353. Epreuve avt. l. l.

214 Portrait d'une jeune femme, *Nro.* 355. Epr. ordinaire.

215 La même p. Epr. imprimée en rouge.

216 La même p. Epr. avt. l. l. *où la partie infe- rieure du vetement ainsi que la table n'est qu'au trait.* Le Catalogue ne parle pas de cet- te épr. rarissime.

217 3 p. Etudes; *Nro.* 356—358. Belles épr.

BARTSCH, FREDERIC DE.

Nro. 218 4 p. litographiées d'apr. des dessins de FU-
GER; la Théologie; la Philosophie; la Justice
et la Médecine. Fol. en ronds. Sup. épr.

BASAN

219 La femme rusée; d'apr. BEGA. Folio. en L.
Belle épr.

BAUDET, E.

220 4 p. Paysages dediés à Louis le grand. LE
POUSSIN. Gr. in-fol. en L. Belles épr.

221 3 p. Id. dediés au Prince Condé. Id. Id.

222 La toilette de Venus. L'ALBANE. Id. Id.

BAUDOUINS.

223 Grand paysage avec chasse au cerf, d'apr.
V. D. MEULEN. Fol. en h. Tr. belle épr. La
marge d'en bas coupée.

224 8 p. Vûes de differ. chateaux de France, d'apr.
VAN DER MEULEN. Fol. en L. Belles épr.

BAUSE, I. F.

225 Abraham sur Moria, d'apr. OESER. 4. en h. Tr.
belle épr.

226 Sal Gessner. A. GRAFF. 4. en h. Bonne épr.

227 C. M. Wieland, d'apr. LE MÊME 4. en h. Belle épr.

228 Frederic Aug. Electeur de Saxe, d'apr. LE MÊ-
ME. Fol. en h. Idem.

229 J. Gottl. Böhm; d'apr. le MÊME. Id. Id.

BEATRICETTO NICOLAS.

230 Le Christ tenant la croix. *P. G. Vol. XV.
Nro.* 23. Belle épr. *portant l'adresse de No-
bilibus.*

Nro. 231 Ste. Elisabeth visitant les malades *Nro.* 31. Très belle épr.

232 La chûte de Phàeton; *Nro.* 38. Belle épr.

233 Le triomphe de Marc-Aurel. *Nro.* 88. Tr. belle épr. La marge d'en bas coupée.

234 Laocoon; *Nro.* 91. — Frises; *Nro.* 93. Epr. rare avt. l. l. —Deux Est.

235 Le Combat de soldats romains, *Nro.* 94. Belle épr.

BEAUVAIS, D.

236 Triomphe de Bacchus et d'Ariane, d'apr. LE POUSSIN. Fol. en L. Belle épr.

BEGA, CORNEILLE.

237 3 p. l'homme en manteau; Vieille avec pot; Fumeur assis; *P. G. Vol. V. Nro.* 10. 12. et 13. Bonnes épr.

238 2 p. Paysanne assise et Paysan le chapeau à la main *Nro.* 11. et 17. Belles épr.

239 La femme au pannier; *Nro.* 18. Belle épr.

240 2 p. Paysan à la fenêtre; et Paysan allumant sa pipe; *Nro.* 19. et 20. Bonnes épr.

241 3 p. L'assemblée des paysans; les deux amoureux et la danse; *Nro.* 23. 25 et 26. Idem.

242 2 p. La femme et l'enfant; les buveurs; *Nro.* 28. et 29. Belles épr.

243 La famille; *Nro.* 30. Belle épr.

244 La jeune aubergiste; *Nro.* 34. Idem.

245 Le Cabaret; *Nro.* 35. Idem.

BEHAM, BARTHÉLEMI.

246 Judith; *P. G. Vol. VIII. Nro.* 4. Bonne épr.

247 L'enfant dormant sur une tête de mort; *Nro.* 31. Belle épr.

Nro. 248 Le hallebardier, *Nro.* 49. Bonne épr.

249 L'enfant et le rinceau d'ornements, *Nro.* 51. Bonne épr.

250 Portrait de Charles V. *Nro.* 60. Belle épr.

251 Portrait d'Erasme Baldermann ; *Nro.* **63.** Bonne épr.

BEHAM, H. SEBALDE.

252 Judith ; *P. G. Vol. VIII. Nro.* 11. Belle épr.

253 S. Sebalde ; *Nro.* 65. Bonne épr.

254 3 p. *Nro.* 42. 59 et 75. Epr. médiocres.

255 5 p. *Nro.* 82. 96. (en double) 112 et **133.** Bonnes épr.

256 2 p. La fortune et l'infortune ; *Nro.* 140 et 141. Idem.

257 6 p. *Nro.* 141. 150. 155. 157. 199 et 200. Idem.

258 2 p. Rinceau d'ornements ; *Nro.* 228 et 231. Idem.

259 Les amans ; grav. en bois. *Nro.* 161. Belle épreuve.

260 Le bain ; grav. en bois. *Nro.* 167. Belle épr.

BEICH, J.

261 6 paysages, Sites agrestes avec Cascades. Pet. in Fol. en haut. Epr. avec l'adresse de Wolff.

262 La même suite ; Epr. avant l'adresse.

263 Autre suite de 8 paysages, 8. en h. Prem. épr. avec l'adr. de Wolff.

264 Paysage avec troupeau qui s'abreuve dans une p. d'eau sur la droite de la pl. 8. en L. Epr. médiocre.

BEKENKAM.

265 Un César à cheval. Fol. en h. au lavis.

BELLA, DELLA ETIENNE.

266 5 p. Sujets pieux; in 12. et 8. Belles épr.

267 6 p. Sujets différents; 8. et Fol. Idem.

268 15 p. avec titre: *Ornamenti di Fregi et Fog-liami.* Frises en longueur. Bonnes épr.

BELLAVIA, MARC-ANTOINE.

Toutes les pièces indiquées ci-après sont mar-quées des lettres: A. C. IN. — Les chiffres ro-mains que nous avons ajoutés, sont ceux qui se trouvent sur les estampes mêmes.

269 L'adoration des pasteurs; *P. G. Vol. XX. Nro.* 1. Belle épr. avec le Nro. XVI.

270 Le même sujet; *Nro.* 2. Idem. VIII.

271 Répos en Egypte. Idem. XIIII.

272 Le sauveur; *Nro.* 7. Idem. XXXVII.

273 La sainte Vierge; *Nro.* 8. Idem. XVIII.

274 Ste. famille; *Nro.* 9. Idem. VIIII.

275 Autre Ste. famille; *Nro.* 10. Idem. XXXI.

276 Autre sainte famille; *Nro.* 11. Idem. VII.

277 Autre sainte famille; *Nro.* 12. Idem. XII.

278 Autre Ste. famille; *Nro.* 13. Idem. XXIII.

279 Autre Ste. famille; *Nro.* 14. Idem. XXIIII.

280 Autre Ste. famille; *Nro.* 15. Idem. XI.

281 Autre Ste. famille; *Nro.* 17. Idem. XIII.

282 Autre Ste. famille, *Nro.* 18. Idem. XXXIV.

283 St. Jean et St. Matthieu. Idem. *Nro.* 19. XXIIII.

284 St. Luc et St. Marc. *Nro.* 20. Id. XXVII.

285 St. Grégoire; *Nro.* 21. Idem. XXX.

286 St. Jérome; *Nro.* 22. Idem. XXVIII.

287 St. Pierre; *Nro.* 28. Idem. XXXVIII.

288 St. Roc; *Nro.* 30. Idem. XXXVII.

289 St. Christophe; *Nro.* 31. Idem. XXII.

290 St. Luc; *Nro.* 34. Idem. **I.**

291 Un St. Anachorête en prières; *Nro.* 35. **I.** —
Prem. et très belle épr. avec l'inscription
dans la marge d'en bas.

292 St. François; *Nro.* 36. Belle épr. **XVIIII.**

293 Autre St. François; *Nro.* 37. Id. **XXI.**

294 La Madeleine pénitente; *Nro.* 39. Id. **X.**

295 Autre Madeleine; *Nro.* 40. Idem. **XVII.**

296 Diane et Pan; *Nro.* 43. Idem. **XXXIII.**

297 Jeux d'enfans; *Nro.* 44. Idem. **XXXII.**

298 Fleuve couché;*Nro.*45.Ep. médiocre.**XXXIIII.**

299 Autre fleuve; *Nro.* 48. Belle épr. **III.**

300 Autre fleuve. *Nro.* 49. Idem. **V.**

301 Autre fleuve; *Nro.* 50. Idem. **IIII.**

302 Romulus et Rémus; *Nro.* 51. Idem. **IIIIII.**

303 2 p. Le titre: *Pensièri diversi* etc. — et le
portrait d'Ann. Carrache. page 22.

Morceaux non mentionnés au Pre. Graveur.

304 La St. Vierge ayant dans ses bras l'enfant Jésus à qui St. Joseph, débout sur la droite,
fait un geste de la main gauche. Dans un
rond. **A. C. I N.** — **XXV.** Diam. 3 pouces.

305 Sujet semblable, où St. Joseph, placé sur la
gauche, montre le haut d'une Canne à l'enfant Jésus. **A. C. I N.** — **XXVI.** Diam. 2 p.
10 l.

306 La Ste. Vièrge, assise dans une chambre et
tournée vers la droite, embrasse l'enfant Jésus qu'elle a sur ses génoux. St. Joseph, débout à la gauche et appuyé sur sa canne, regarde tendrement ce groupe. Dans la marge
g. d'en bas: **A. C. I N. H.** 3 p. 5 l. **L.** 3 p. 4 l.

Nro. 307 Repos en Egypte. St. Joseph, ayant l'enfant Jésus sur ses génoux et la Ste. Vierge à sa gauche, est assis dans un paysage à coté de deux colonnes qui forment le fond de la gauche. A. C. à rébours. — XIV. H. (y compris la marge de 4 l.) 4. p. 8. l. L. 3 p. 9 l.

BELLOTTI, BERNARDO *dit* CANALETTO.

308 3 p. Vûes de Varsovie. Grav. à l'eauf. in Fol. en L. Belles épr.

BEMMEL; PIERRE VAN.

309 Suite de 5 paysages gravées à l'eauf. Le premier: Un intérieur de forêt avec une pièce d'eau sur les bords de la quelle se voit un cerf; à gauche sur le ciel: *P. V. Bemmel fe.* à la gauche d'en bas; *H. I. Ostertag Excud. in Regenspurg.* Les quatre autres *V. Cat. de la vente Rigal p.* 17. *Nro.* 47. — Anc. et tr. belles épr.

BENEDETTI, M.

310 Roman charity; d'apr. CIGNANI. Fol. en rond, au pointillé. Belle épr.

311 The Childs dressing, d'apr. SINGLETON. Fol. en h. au pointillé. Epr. avt. l. l.

BENEDETTI, THOMAS.

312 Le portrait du docteur Barth. 4. en h. Tr. belle épr.

313 La même p. Epr. avt. toute lettre.

314 Portr. du prof. Maurer; d'apr. SATTLER. 8vo en h. Tr. belle épr.

315 Le Christ a table; d'apr. L. DA VINCI. 4. en L. Sup. épr. avt. toute l.

BRRARDI, FABIUS.

Nro. 316   2 p. Ste. Vierge et Ste. Ursule. SOLIMENA et PITTONI. Fol. en h. Belles épr.

317   2 p. Fuite en Egypte; TIEPOLO. — St. Romualde; SEB. RIZZI. — Fol. en h. Bell. épr.

BERGHEM, NICOLAS.

318   La vache qui s'abreuve ; *P.G.Vol. V. Nro.* 1. Seconde épr. Belle.

319   La même p. Idem.

320   La vache qui pisse; *Nro.* 2. Sup. épr. avant l'adr. de Widt.

321   Les trois vaches en répos; *Nro.* 3. Seconde et tr. belle épr. avant le nom de Berghem.

322   Le joueur de cornemuse; *Nro.* 4. Prem. et sup. épr. avt. le nom.

323   Le patre jouant du flageolet; *Nro.* 6. Sup. épr. avt. le Nro.

324   4 p. Les quatre sujets d'animaux; *Nro.*8—11. Belles épr. avec l'adr. de Dankerts.

325   4 p. Sujets d'animaux; *Nro.* 13—16. Belles épreuves.

326   Tête de bouc; *Nro.* 17. Morceau rare. Belle épreuve.

327   6 p. Le cahier à la femme, *Nro.* 29—34. Belles épr.

328   8 p. Autre cahier à la femme; 41—48. Id.

329   8 p. Chèvres et Chiens; *Nro.* 36. 40. 50—53. 55. 56.

Morceaux gravés d'apr. N. Berghem.

330   La chasse aux pinçons; par D. DANCKERTS. *Nro.* 57. du: *Beredeneerde Catalogus van*

alle de Prenten, beschreeven door Hendrik de Winter; Amsterdam 1767. 8. — Epr. avt. l. l.

Nro. 331   La chasse au cerf; par LE MÉME. *Nro.* 58. Belle épr. avec l'adresse de Danckerts.

332   Le bal; par JEAN VISCHER; *Nro.* 59. Tr. belle épr. avt. les mots : *Cum priv.*

333   La couseuse; par LE MÊME; *Nro.* 60. Très belle épr.

334   La fileuse et le pâtre; par LE MEME; *Nro* 61. Idem.

335   Le retour des champs; par SUYDERHOEF; *Nro.* 62. Idem.

336   Le répos; par J. VISCHER; *Nro.* 63. troisième épr. avec l'adr. de *N. Vischer.* Idem.

337   La bergère trayant une chèvre; par LE MEME. *Nro.* 65. Epr. où la marge d'en bas est coupée.

338   3 p. Le matin; L'après midi; et la nuit; par DANCKERTS; *Nro.* 68. 70 et 71. Tr. bell. épr. avec l'adr. de Danckerts.

339   2 p. L'après-midi et Vesper, *Nro.* 70 et 74. Belles épr.

340   4 p. Suite d'animaux, par J. VISSCHER. *Nro.* 76—79. Epr. avec l'adr. de Widt.

341   4 p. Autre suite, par LE MÊME; *Nro.* 86—89. Belles épr. de l'édition de N. VISSCHER, avt. l'adresse de Schenk.

342   3 p. Paysages avec animaux, par D. DANCKERTS; *Nro.* 91—93. Belles épr.

343   6 p. Suite gravée par LE MÊME; *Nro.* 94—99. Epr. avec l'adr. de Schenk.

344   3 p. de la suite précedente; *Nro.* 95. 96. et 98. Prem. épr. avec l'adr. de Danckerts.

Nro. 345 2 p. Le gué et la femme sur l'âne, par CORN. VISCHER; *Nro.* 100 et 101. Belles épr.

346 4 p. avec animaux, par J. VISSCHER; *Nro.* 109. 110. 112. et 114. Idem.

347 4 p. avec animaux par LE MÉME; *Nro.* 116—119. Prem. et très belles épr. de l'édition de Danckerts.

348 4 p. autre suite d'animaux, par LE MÉME; *Nro.* 120—123. Prem. épr. de l'édition de *de Widt*.

349 3 p. Vûes du Rhin, par LE MÉME; *Nro.* 124—126. Sec. épr. avec l'adresse de Visscher Belles.

350 5 p. avec animaux ; par LE MEME; *Nro.* 128—130. 132 et 136. Belles épr.

351 6 p. Suite d'animaux, par LE MÊME; *Nro.* 136—141. Prem. et tr. rares épr. avant l. l. et les Numéros. (à l'exception du dernier morceau).

352 4 p. Autre suite gravée par LE MEME; *Nro.* 166—169. Prem. épr. avec l'adresse de Clem. de Jonghe.

353 4 p. Autre suite gravèe par LE MEME; *Nro.* 170—173. Prem. épr. avec le nom de J. Visscher.

354 Deux p. Embarquement de vivres, par LE BAS; *Nro.* 194. et ancien port de Gènes; *Nro.* 199. Belles épr.

355 4 p. Les quatres heures du jour; *Nro.* 195—198. Belles épr.

356 2 p. Le marechal de champagne; par LEVEAU; *Nro.* 204. et le Retour au village par E. DE GHENDT; *Nro.* 207. — Belles épr.

Nro. 357 Le retour à la ferme. Grand paysage en L.
par LEBAS et WEISBROD. Tr. belle épr.

358 4 p. detachées de différ. suites.

359 6 p. autres idem.

360 6 p. autres idem.

361 6 p. autres idem.

362 6 p. autres idem.

BERGLER, JOSEPH.

363 3 p. Ste. Marie; la Madeleine et le passage
de la rivière. Grav. à l'eauf. in 4. en H.
Belles épr.

BERLINGHIERI, CAMILLE.

364 Paysage avec chasseur le fusil à la main. Grav.
à l'eauf. 8. en L. Belle épr.

BERNARD.

365 La joueuse de Luth; d'apr. M. A. DE CARA-
VAGE. Fol. en h. Man. noire. Sup. épr.

BERVIC', CLEMENT.

366 L'éducation d'Achille; d'apr. REGNAULT. Fol.
en h. Tr. belle épr.

367 Le Répos, d'apr. LEPICIÉ. Idem. Idem.

BETTELINI, PIERRE.

368 L'adoration des bergers. d'apr. VANDERWERFF.
Fol. en h. Bonne épr.

369 2 p. L'adoration des bergers et la mise au
tombeau; d'apr. VANDERWERF. Fol.. en h. Tr·
belles épr.

370 Bélisaire; d'apr. REHBERG. Fol. en h. Epr.
avt. l. l.

371 L'amour tenant un pigeon au bout [d'une
flêehe. LE GUIDE. 4. en h. épr. avt· l. l.

BINK, JACQUES.

Nro. 372 Le massacre des innocens, *P. G. Vol. VIII.*
p. 265. *Nro.* 11. Estampe rare.

BISCAINO, B.

373 Moise sauvé du Nil. *P. G. Vol. XXI.. Nro.* 2.
Seconde épr. Au milieu d'en bas les mots :
In Bassano per il Remondini. Belle.

374 La nativité; *Nro.* 7. Bonne épr.

375 La même p. anc. et belle contre-épr. Rare.

376 L'adoration des Rois, *Nro.* 9. Belle épr.

377 La femme adultère; *Nro.* 13. Bonne épr.

378 L'enfant Jésus adoré par 3 anges, *Nro.* 17.
Belle épr. la marge bl. coupée.

379 La même p. avec la marge. Bonne épr.

380 La Vierge allaitant l'enfant Jésus; *Nro.* 20.
Troisième épreuve avec l'adresse comme au
Nro. 2.

381 Le même sujet, différement traité; *Nro.* 21
Tr belle épr.

382 Ste. famille; *Nro.* 23. Troisième épr. comme
au Nro. 20.

383 La Vierge adorant l'enfant Jésus; *Nro.* 22.
Belle épr.

384 St. Christophe; *Nro.* 35. Deux épr. dont une
retouchée.

BISCHOP, IEAN.

385 30 p. Gravures à l'eauf. d'après des Statues
antiques. 8, et 4. en h.

386 17 p. d'apr. des tableaux de différ. maîtres.
Idem.

BISSEL, A.

387 2 p. Le cheval en repos et la vache qu'on
trait. BERGHEM, Fol. en L. à l'aquat. Belles épr.

BLEKER, G.

Nro. 388 Jacob et Rachel; *P. G. Vol. IV. Nro.* 3. Belle épreuve.

389 Paul et Barnabé à Lystre; *Nro.* 5. Tr. belle épreuve.

> Les marges d'en bas de ces deux morceaux sont coupées.

BLOEMART, CORNEILLE.

390 La sainte famille; d'apr. LE PARMESAN. Fol. en h. Tr. belle épr.

391 La sainte famille, d'apr. ANN. CARRACHE. Id.

392 St. Pierre resuscitant la femme de Tabite. LE GUERCHIN. Fol. en L. Belle épr.

BLOEMEN, FRANC. *dit Horizonti.*

393 2 paysages. Vûes des campagnes près de Rome. Gravures à l'eauf. in 4. en haut. Belles épreuves.

BLOETELING, ABRAHAM.

394 Portr. du Prince Robert, Comte Palatin. 8. en h. Man. noire. Bonne épr.

395 4 p. Lions en différ. attitudes. RUBENS. *page* 243. *Nro.* 34. Belles épr.

BOEL, PIERRE.

396 Les faucons et le héron; *P. G. Vol. IV. Nro.* 2. P. rare et très belle épr.

397 Canes et autres oiseaux domestiques. *Nro.* 14. *pag.* 33. *du cat. de la vente Rigal.* Belle épr.

BOGUET, D.

398 *La Sabine*, paysage in Fol. en L. peint et gravé à l'eauf. à Florence. Prem. épr.

BOISSIEUX, J. J. DE.

Nro. 399 Portrait de l'auteur; *Cat. de la vente Rigal*; *Nrc.* 1. Prem. épr. avec le portrait de sa femme.

400 Les joueurs de boules; *Nro.* 10.

401 Le maréchal ferrant, *Nro.* 15.

402 La leçon de botanique. *Nro.* 20. P. rare; Epr. sur papier de la chine.

403 Les petits tonneliers; *Nro.* 23.

404 Vûe du passage du Garillano; *Nro.* 31.

405 Vûe du pont Lucano; *Nro.* 36.

406 Vûe de l'isle Barbe; *Nro.* 37.

407 Vûe du pont et du chateau sainte Colombe; *Nro.* 39.

408 Vûe de St. Andéole; *Nro.* 41.

409 Vûe de l'Ain; *Nro.* 42.

410 Villageois conduisant une charrette; *Nro.* 58.

411 La famille en repos; *Nro.* 59.

412 Paysage, dit *l'Oratoire*; *Nro.* 60.

413 L'homme à cheval; *Nro.* 61.

414 Vûe d'un lieu champêtre; *Nro.* 63.

415 Paysage traversé d'une rivière; *Nro.* 64.

416 Vieille chapelle; *Nro.* 65.

417 La digue; *Nro.* 66.

418 Le vieux chateau; *Nro.* 67. Prem épreuve. avt. l'adr.

419 Les bateliers; *Nro.* 68. Idem. Idem.

420 Entrée d'une forêt; *Nro.* 71.

421 Autre entrée de forêt; *Nro.* 72.

422 Paysage avec troupeau; *Nro.* 74.

423 Pays coupé d'une rivière; *Nro.* 76.

424 7 p. de la suite de 10 paysages; *Nro.* 84—93. manquent ici les *Nros.* 87. 92. 93.

Nro. 425 Buste de Veillard; *Nro.* 104.

426 Etudes de têtes; *Nro.* 108.

427 Autres études; *Nro.* 112.

428 Portrait d'apr. Vandyck; *Nro.* 126.

429 2 Paysages, d'apr. Wynants et Ruysdael; *Nro.* 129 et 134.

430 Paysage d'apr. Berghem; *Nro.* 131.

431 Autre d'apr. Ruysdael; *Nro.* 137.

432 Le repos des faucheurs, *Nro.* 139.

433 La fontaine; *Nro.* 141.

434 Le patre jouant du flageolet; *Nro.* 142.

435 Tête de chien; épr. sur papier de la chien.

Les morceaux indiques ci-dessus se composent d'anciennes épr. de première beauté.

436 Vûe de la grande Croix près de St. Chaumond; J. J. BOISSIEUX DEL. J. P. SCHWEYER SC. 4. en tr. Belle épr.

BOL, CORNELIUS.

437 5 p. Marines avec navires. Gravures à l'eauf. d'une pointe forte. La première est marquée en haut: *A Kasembrot jnuent. Cornelius Bol fecit. F. L. D. Ciartres excudit.* Elle est in 8. en L. Les autres quatre sont de plus petit format.

BOLOGNINI, JEAN BAPT.

438 Le massacre des innocens; *P. G. Vol. XIX. Nro.* 1. Belle épr.

439 Jesus Christ et St. Paul; *Nro.* 2. Idem.

440 Jésus Christ à la croix; *Nro.* 3. Bonne épr.

441 Bacchus et Ariadne, *Nro.* 4. Belle épr.

BOLSWERT, SCHELTE A.

Nro. 442 Le serpent d'airain ; d'apr. RUBENS. *Catalogue de l'oeuvre de Rubens par Basan, pag. 5. Nro.* 16. Belle épr.

443 Le mariage de la Vierge ; *ibid. pag.* 11. *Nro.* 1. Prem. Epr. avant l'adresse. Rare.

444 L'Ecce homo; *ibid pag.* 29. *Nro.* 74. Sec. épr.

445 L'assomption; *ibid. pag.* 51. *Nro.* 4. Belle épr.

446 La Vierge et l'enfant Jésus; *ibid. pag.* 56. *Nro.* 30. Idem.

447 La Ste. famille; *ibid. pag.* 60. *Nr.* 44. Tr belle épr.

448 Autre Ste. famille; *ibid. pag.* 63. *Nro.* 55. Belle épr.

449 Autre Ste. famille; *ibid. pag.* 64. *Nro.* 58. Tr. belle épr.

450 Ste. Catherine; *ibid. pag.* 83. *Nro.* 13. Idem.

451 Le retour de la chasse; *ibid. pag.* 94. *Nro.* 26. Belle épr.

452 La chûte de St. Paul; Tr. belle épr.

453 Grand paysage ravagé par un torrent. *pag.* 235. *Nro.* 1. Belle épreuve mais endommagée.

454 17 p. de la Suite de 21 paysages *pag.* 236. *Nro.* 27. (manquent ici les Nro. 9. 10. 12. et 18.) Belles épr.

455 5 p. Paysages dont deux de la suite précedente et trois autres. Eelles épr.

456 La Ste. Vierge et l'enfant, d'apr. VANDYK; Fol. en h. Belle épr.

457 La Ste. famille avec un ange qui tient une guirlande, Fol. en h. Idem.

Nro. 458 Le couronnement d'épines, d'apr. LE MÊME. Fol. en h. Tr. belle épr.

459 Sylene ivre; d'apr. LE MÊME. Folio en h. Belle épr.

460 La même p. Très belle épr.

461 Le Christ à la croix, d'après JORDAENS. *Catalogue de l'oeuvre de Jordans par Basan, pag.* 9. *Nro.* 10. Prem. épr. avant le *Privilegium* et les armes de Beaumont.

462 Mercure et Argus; *ibid. Nro.* 15. Epr. avt. l'adresse.

463 2 p. Satyres assis dans des campagnes, *ibid. Nro.* 20. *et* 21.. Prem. épr. avt. l'adresse.

464 Le Concert; *ibid. p. Nro.* 24. Belle épr.

465 2 p. Ste. Vierge et l'enfant, d'apr. LE PARMÉSAN. 4. en h. Belles épr. (La seconde gravée par Vorstermann).

BOLT, J. FREDERIC.

466 La bataille de Rosbach, d'apr. SCHADOW. 4. en L. Tr. belle épr.

BOLZETTA, MATTI CADORIN DIT.

467 5 p. Dieux marins, frises en L. Gravures à l'eauf. Belles épr.

BONASONE, JULES.

468 Moise faisant ramasser la Manne *P. G. Vol. XV. Nro.* 5. Très belle épr.

469 La Ste. famille au palmier. *Nro.* 59. Epr. endommagée.

470 La naissance de St. Jean Baptiste. *Nro.* 76. Epr. foible.

471 Marche de Sylène; *Nro.* 88. Bonne épr.

472 La même p. meilleure épr.

473 Sylène amené au roi Midas. *Nro.* 89. Epı foible.

474 L'histoire de Jason et Medée. *Nro.* 98. Belle épr.

475 Le lever du Soleil. *Nro.* 99. Bonne Epr. où l'adresse de Rossi est grattée à l'aide d'un grattoir. On en voit encore les traces.

476 Mercure surprenant les filles d'Aglaure *Nro.* 102. Belle épr. un peu endommagée en bas.

477 L'éducation de Jupiter. *Nro.* 107. Bonne épr.

478 La déésse Flore, assise dans un jardin; *Nro.* 111. Epr. endommagée avec l'adr. *Ant. Laffrery Romae* dans une tablette au dessous du nom de Bonasone.

479 Le Dieu Pan. *Nro.* 170. Belle épr.

480 Jeune homme combattant un monstre marin; *Nro.* 178. Tr. belle épr.

BOOM, A. H. V.

481 2 paysages; le hameau et la pièce d'eau. *P. G. Vol.* IV. *Nro.* 1. et 2. Belles épr.

BORCHT, HENRI VAN DER.

482 Combat de tritons. Frise en longueur, gravée à l'eauforte d'apr. G. VASARI. Belle épr.

BORGIANI, HORACE.

483 6 p. de la suite des sujets de la bible; *P. G. Vol. XVII. Nro.* 5. 23. 25. 39. 49. *et* 52. Belles épr.

BORGO, C. DEL.

484 Vûes de Naples. 2 grandissimes pièces en L. chacune de 3 feuilles collées ensemble.

BOS, CORNEILLE.

Nro. 485 St. Jean prêchant. L. LOMBARDO. Fol. en L. Deux épr. dont une retouchée.

BOSCH, ELIAS VAN DEN.

486 7 p. La passion de N. S. d'apr. CHRIST. SCHWARTZ. 4. en h. Belles épr.

BOSS, JACQUES.

487 2 p. l'Hercule Farnèse. Fol. en h. Tr. belle épr.

BOSSE, ABRAHAM.

488 2 p. La parabole du riche et l'hopital. Gr. in 4. en tr. Belles épr.

BOSSI, BENIGNE.

489 2 p. Jeux d'enfants; grav. à l'eauf. d'apr. LA RUE. Fol. en h. Belles épr.

BOTH, JEAN.

490 4 p. La femme sur le mulet; le charriot; le grand arbre et les deux mulets; *P. G. Vol. V.* Nro. 1—4. Tr. belles épr. avec l'adresse de Matham.

491 6 p. Le pont de pierre; le muletier; le trajet; les deux vaches; les pecheurs; le pont de bois; Nro. 5—10. Epr. avant le nom de Both; à l'exception des Nros. 9 et 10.

BOUCHER, FRANÇOIS.

492 La blanchisseuse, gravure à l'eauf. in Fol. en h. Tr. belle épr.

BOULLOGNE, LOUIS DE.

493 St. Paul exorcisant un possède. Grav. à l'eauf. in Fol. en h. Belle épr.

BOURDON, SEBASTIEN.

Nro. 494   5 p. L'annociation aux bergers et 4 differ. Compositions de Fuite et Répos en Egypte. Gravures à l'eauf. in 4. Bonnes épr.

BOUT, PIERRE.

495   Les patineurs; *P. G. Vol. IV. Nro.* 2. Tr. belle épr.

496   Le traineau; *Nro.* 3. Idem.

497   Les chasseurs; *Nro.* 4. Idem.

BRAND, LES FRÈRES.

498   Vûe de Nusdorf sur le danube. KETTLFR. Fol. en tr. Deux épr. la Prem. à l'eauf. pûre et avant toute lettre.

499   4 p. différentes vûes et paysages. Belles épr.

500   6 p. id. id. id.

501   3 p. id. id. en Epr. avt. l· l.

502   4 p. Portraits et bustes. Belles épr.

503   9 p. Paysages et Vûes; 4. en tr. Belles épr.

504 a.   17 p. Paysages, Vûes, Etudes de têtes et de figures; différ. formats. Bonnes épr.

504 b.   16 p. Idem. Idem. Idem.

505   15 p. Idem. Idem. Idem.

BREBIETTE, PIERRE.

506   12 p. dont une Vierge de douleurs et onze sujets mythologiques. Belles épr.

BREENBERG, BARTHOLOMÉE.

507   4 p. Vûe des thermes de Caracalla; de l'ho-

tellerie de Prima-Porta; de la Cascade à Ponte della Trave et d'une ruine à Tivoli; *P. G. Vol. IV. Nro.* 13—16. Tr: belles épr.

Nro. 5o8 Vûes des restes du temple du soleil et de la lune, du Coté du Colisée; *Rigal p.* 71. Nro. 31. Tr. belle épr.

509 Suite de 6 p. Vûes de ruines et autres antiquités; Au premier morceau un piédestal antique avec l'inscription. *Hostius ɔ L. Potestas.* Petites p. à l'eauf. attribuées à Breenbergh. (La vente de Rigal en a présenté une seule; Nro. 32. page 71. du Catal.)

510 2 p. pareilles; Les restes d'un arc de triomphe à coté duquel s'entretiennent deux hommes; marqué en bas de la dr. du chiffre 2. et Voûtes d'un ancien batiment ruiné, dans laquelle deux hommes en conversation; marqué en bas de la dr. du chiffre 3. — H. 4 p. 4 l. — L. 3 p. 9 l.

BRICCI. FRANÇOIS.

5ı1 La Ste. Vièrge et l'enfant, *P. G. Vol. XVIII.* *Nro.* 3. Bonne épr.

5ı2 La Ste. famille; *Nro.* 4. Prém. épr. avec le nom de Briccio.

BROSAMER, HANS.

5ı3 Le joueur de luth; *P. G. Vol. VIII.* Nro. 17. Epr. endom.

BROWER, ADRIEN.

5ı4 Le paysan endormi. H. 6 p. 10 lignes. L. 5

p. 2 lignes. (*Nro.* 1. *du Catal. de la vente Rigal* où cette p. parait avoir été tronquée.)
Belle épr.

Nro. 515 Trois paysans assis devant une cheminée et formant un petit concert. H. 6 p. 3 l. — L. 5 p. 3 l. — Prem. et très rare épr. avant les contretailles en avant du pied gauche et sur le pantalon du premier paysan. Elle est aussi avant l'adresse de v. d. Berge.

516 La même p. Sec. Epr. avec ces contretailles ou ombres fortes. En bas de la droite : *P. v. d. Berge exc.*

BROWNE, JOHN.

517 Paysage avec titre : Cephalus et Procris ; d'apr. CL. LORRAIN. Fol. en L. Sup. épr.

518 Les bandits prissonniers ; d'apr. les BOTH. Gr. in fol. en L. Sup. épr.

BROWNE ET MORRIS.

519 Vûe des tombeaux des empereurs Akbar, et Shere Shah ; d'apr. HODGES. Fol. en L. Belles épr.

BRUGGEN, JEAN VAN DER.

520 Son Portrait gr. en man. noire. LARGILLIERE. 4. en h. Bonne épr.

BRUNI, FRANÇOIS.

521 L'assomption de la Vierge. Grav. à l'eauf. Fol. en h. Bonne épr.

BRUYN, NICOLAS VAN.

522 La circoncision. Fol. en L. Belle épr.

*

BRY , J. TH. DE.

Nro. 523   Bacchanale ; petite frise en **L.** Bonne Epr.

BURGMAYER , HANS.

524   S. Luc faisant le portrait de la Vierge. *P. G. Vol. VII. Nro.* 24.

BYE , MARC DE.

525   6 p. de la suite de différ. chèvres et boucs; *P. G. Vol. I. p.* 74. *Nro.* 1—8. (manque Nro. 5 et Nro. 8.) Du titre deux épr. dont *une avec Nro.* 9. *après le mot excud.* 7 Est.

526   7 p. de la Suite de div. vaches et boeufs; *Nro.* 17—24. (manque Nro. 22.) Belles épr.

527   7 p. detachées, savoir; Vache couchée; *Nro.* 27. — Boeuf débout; *Nro.* 30. — Vache débout *Nro.* 31. — Loup *Nro.* 35. — Deux cochons *Nro.* 39. — Les deux vaches *Nro.* 32. *d.* et le cochon *Nro.* 32. *h.* — Idem.

528   Suite de 8 p. Les lions *Nro.* 49—56. Prem. et belles épr. avec l'adr. de Visscher.

529   Suite de 4 p. Les chasses ; *Nro.* 57—60. Belles épr.

530   Suite de différens moutons *Nro.* 79—93. (manque Nro. 87.) 15 Est. Anc. et belles épr. à l'exception des Nro. 79. et 80. qui s'y trouvent en épr. modernes.

531   8 p. différ. Vaches et boeufs ; Copies.

INCONNU , *dit* : LE MAITRE AU B. SUR UN DÉ.

532   Venus blessée. *P. G. Vol. XV. Nro.* 16. Epr. avt. la retouche.

533   L'envie chassée du temple des muses ; *Nro.* 17. Epr. retouchée.

Nro: 534 Cybèle sur son char; *Nro.* 18. Idem.

535 La même p. Idem.

536 Appollon tuant le serpent: *Nro.* 19. Idem.

537 Sacrifice de P. *Nro.* 27. Prem. et belle épr.

538 La même p. Première et très belle épr.

540 Appollon et Marsias; *Nro.* 31. Epr. retouchée.

541 Trois amours jouant avec une autruche *Nro.* 33. Prem. et sup. épr. *avant le mot* : f o r m i s.

542 22 p. de la suite de la fable de Psyche. *Nro.* 39—70. Sec. épr. (Manquent les Nros. 1. 7. 9. 13. 21. 22. 23. 28 et 32.)

543 Venus et Psyché, Nro. 71. Tr. belle épr.

544 Enée et Anchise; Nro. 72. Epr. où la marge d'en bas est coupée.

345 Combat naval; Nro. 78. Belle épr. avec l'adr. de *Lafreri* vers la droite dans la marge d'en bas.

CABEL, ADRIEN VAN DER.

546 5 paysages; la baigneuse *P. G. Vol. IV. Nro.* 2. Le port; *Nro.* 14. Le bouquet d'arbres *Nro.* 15. La fille *Nro.* 17. et la femme empressée. *Nro.* 20. Secondes épr.

547 3 p. L'étable, *Nro.* 26. Le mendiant *Nro.* 28. Les deux femmes; *Nro.* 30. Second. épr. Belles.

548 2 p. L'homme et les deux femmes *Nro.* 39. La fille poursuivie; *Nro.* 40. Id. Id.

549 2 p. Le troupeau de chèvres, *Nro* 44. et le berger, *Nro.* 53. La première endommagée.

CALLOT, JACQUES.

550 14 p. compris le titre: Vie de la Vierge, 12. en h. Epr. médiocres.

Nro. 551 9 p. compris le titre: La Vie de l'enfant prodigue. 12. en L. Idem.

552 4 p. Le bénédicite; le parterre de Nancy; le Brélan et les philosophes. Bonnes épr.

553 4 p. dont deux massacres des Innocens. Belles épr.

CAMERATA, JOSEPH.

554 J. Chr. apparaissant à sa mère; d'apr. VACCARO. Fol. en L. Belle epr.

CANALE, A. (CANALETTO.)

555 3o p. différentes Vûes, grav. à l'eauf. et dédiées à Mr. Giuseppe Smith. 4. et Fol. Bonnes èpr.

CANOT, P. C.

556 Marine: A Fresh Gale; d'apr. RUYSDAEL. Fol. en L. Belle épr.

557 2 p. Combats navales; d'apr. PATON. Id. Id.

CANTARINI, SIMON *dit*: LE PESARESE.

558 Adam et Eve; *P. G. Vol. XIX. p.* 122. *Nro.* 1. Belle épr.

559 Repos en Egypte; *Nro.* 2. Epr. et Contre-Epreuve. 2 Est.

560 Autre répos; *Nro.* 3. Tr. belle épr. et Contre-Epr. 2 Est.

561 Autre répos; *Nro.* 4. Belle épr.

562 Autre répos; *Nro.* 6. Idem, et Contre-Epr.

563 Autre répos; *Nro.* 7. Original. Très belle épr. et copie en contre-partie.

564 Sainte famille; *Nro.* 10. Bonne épr.

565 Autre Ste. famille; *Nro.* 11. Idem.

Nro. 566   2 p. Stes familles; *Nro.* 12 et 14. Idem.

567   La Vierge et l'enfant; *Nro.* 17. Belle épr.

568   La Vièrge et l'enfant; *Nro.* 18. Belle épr.

569   Portement de Croix; *Nro.* 20. Idem.

570   La Vierge couronnée; *Nro.* 22. Idem.

571   St. Jean Bapt. *Nro.* 23. Idem.

572   St. Sebastien; *Nro.* 24. Orig. et Copie en contrep.

573   St. Antoine de Padoue.; *Nro.* 26. Belle épr.

574   St. Benoit; *Nro.* 27. Idem.

575   La même p. Contre-Epr. avt. l. l.

576   Le Quos ego; *Nro.* 29. Troisième épr. Belle.

577   L'enlèvement d'Europe; *Nro.* 30. Prem. épr. avt. le nom.

578   Mercur et Argus; *Nro.* 31. Belle épr. avt. l'adr. de Rossi.

579   Mars et Venus; *Nro.* 32. Contre-Epreuves avant et avec l. l. 2 Est.

580   Venus et Adonis. *Nro.* 33. Belle épr.

581   La fortune; *Nro.* 34. Contre-Epr. avt. l. l.

CAPELLAN, ANTOINE.

582   2 p. Moise et St. Pierre, d'apr. MENGS. Fol. en L. Belles épr.

583   St. Jean préchant au désert. RAPHAEL. Fol. en L. Belle épr.

584   Diane et Endymion: DOM. MAIOTTO. Fol. en h. Bonne épr.

CAPITELLI, BERNARDIN.

585   9 p. de la suite de la Vie de St. Bernardin, *P. G. Vol. XX. Nro.* 10—21. (manquent les *Nros.* 10. 17. et 21.)

586   Cérés et Stellion, *Nro.* 25. Belle épr.

CARAGLIO, JEAN JACQUES.

Nro. 587 Le mariage de la Vierge. *P. G. Vol. XV.
Nro.* 1. Epr. foible.

588 L'annonciation; *Nro.* 2. Bonne épr.

589 L'adoration des bergers; *Nro.* 4. Belle épr.

590 La Ste. famille; *Nro.* 5. Belle Epr. avec les
points au berceau.

591 Le martyre de St. Pierre et de St. Paul; *Nro.*
8. Bonne épr.

592 Les divinités de la fable; *Nro.* 24—29. 31—
43. 27 p. Parmi ce nombre plusieurs doublettes
et Copies.

593 3 p. des travaux d'Hercule. *Nro.* 45. 48. 49.
Epr. sans les adr. de Salam.

594 Mercure enlevant Psyché. *Nro.* 50. Epr. avant
la retouche. Foible.

595 La bataille au bouclier; *Nro.* 59. Epr. foible.

596 Alexandre et Roxane; *Nro.* 62. Bonne épr.

CARMONA, SALVADORE.

597 Hyac. Collin de Vermont, d'apr. ROSLIN. Fol.
en h. Belle épr.

598 Franç. Boucher, d'apr. LE MÊME. Id. Id.

CARPIONE, JULES.

599 Le Christ au jardin des olives, *P. G. Vol.
XX. Nro.* 2. Sec. Epr.

600 La même p. Troisième épr.

601 La vierge lisant, *Nro.* 5. Sec. épr. Belle.

602 La vierge au rosaire. *Nro.* 6. Belle épr.

603 La même p. idem.

604 L'hommage du petit St. Jean, *Nro.* 7. Sec.
épr. Belle.

Nro. 605 Ste. Madelaine, *Nro.* 10. Prém. épr.

606 Ste. Antoine de Padoue; *Nro.* 11. Sec. épr. Belle.

607 St. Jérome; *Nro.* 12. Belle épr.

608 Venus entourée d'Amours; *Nro.* 14. P. rare et très belle épr.

609 Les 4 éléments; *Nro.* 15—18. Idem.

CARRAGHE, ANNIBAL.

610 Susanne et les Vieillards. *P. G. Vol. XVIII.* *Nro.* 1. Tr. belle épreuve; la marge d'en bas coupée.

611 L'adoration des bergers, *Nro.* 2. Epr. avt. l'adr. de Van Aelst.

612 Le Couronnement; d'épines; *Nro.* 3. Belle épr. et Copie par Blocteling. Deux Est.

613 La Vierge à l'hirondelle; *Nro.* 8. Belle épr.

614 La Vierge à l'écuelle; *Nro.* 9. Tr. belle épr. avt. l'adresse.

615 La Ste. Famille; *Nro.* 11· Prem. et tr. belle épreuve.

616 Ste. Jérome, *Nro.* 14. Tr. belle épr.

617 Ste. Madelaine, *Nro.* 16. Epr. avt. l'adr.

618 Jupiter et Antiope; *Nro.* 17. Belle épr.

619 La soucoupe, *Nro.* 18. Belle épr. Rare.

620 2 p. attribuées à Annibal Carrache, savoir: les trois Rois, *page* 199. *Nro.* 1. et la Vierge au corbeau blanc; *page* 201. *Nro.* 4. — Belles épr.

CARRACHE, AUGUSTIN.

621 L'annonciation *P. G. Vol. XVIII. Nro.* 8. Belle épr. un peu tachée.

622 Repos en Egypte, *Nro.* 14. P. rare. Epr. avec l'adresse de Fosca.

Nro. 623 Le crucifix; *Nro.* 21. Tr. belle épr. (Endommagée.)

624 Jésus Christ en croix, *Nro.* 22. Belle épr. rognée en bas.

625 Le grand crucifiement; *Nro.* 23. Morceau de trois feuilles. Très belles épr.

626 La tentation de St. Antoine; *Nro.* 63. Belle épr. Rare.

627 St. François en extase; *Nro.* 67. Epr. postérieure avec l'adr. de Salvioni.

628 St. Jérome adorant un crucifix; *Nro.* 75. Superbe épreuve.

629 St. Jérome; *Nro.* 76. Original (Epr. endommagée) et Copie. Deux est.

630 Le martyre de Ste. Justine; *Nro.* 78. Pièce de deux feuilles. *Tr. rare épr. où les mots*: et socius *ne sont pas rayés.*

631 La même p. *Copie trompeuse.* Prem. épr. avt. l'adresse de Losi.

632 La même p. Seconde épr. avec l'adresse de Losi.

633 La Ste. Vierge; *Nro.* 95. Epr. médiocre.

634 La Ste. famille; *Nro.* 96. Tr. belle épr.

635 Le mariage de Ste. Catherine; *Nro.* 97. Seconde épr. Belle.

636 La même p. Tr. belle épr.

637 Le corps mort de Jésus Christ; *Nro.* 101. Belle épr. sans l'adresse.

638 Le corps mort de Jésus Christ; *Nro.* 102. Prem. et très belle épr.

639 La Vierge protégeant deux confrères, *Nro.* 105. Belle épr.

640 Enée sauvant Anchise; *Nro.* 110. Belle épr. sur papier bleu.

Nro. 641 La même p. *Prem. et rarissime épr. avant
les mots*: Typis Donati Rasecotty.

642 Mars renvoyé par Minerve; *Nro.* 118. Seconde épr.

643 Les deux scènes de théatre, *Nro.* 121 et 122.
Epr. avec l'adresse.

644 4 p. Orphée; Andromeda; le Satyre; Venus;
Nro. 123. 125. 128 et 129. P. rares.

646 Portrait du Titien; *Nro.* 154. Sec. épr. Belle?

647 La Jérusalem delivrée, 19 p. dont 9 par Aug.
Carrache (*Nro.* 183—191. manque le titre) et
10 p. par *Jaq. Franco.* Epr. des planches usées.

CARRACHE, LOUIS.

648 La Vierge aux anges; *P. G. Vol. XVIII.
Nro.* 2. Epr. endommagée.

649 La Vierge de l'an 1604. Belle épr.

650 La Vierge et St. Joseph. *Nro.* 4. Bonne épr.
sur papier bleu.

651 6 p. par et d'après les Carraches.

652 8 p. idem; idem.

CASANUOVA, FRANÇOIS.

653 2 p. Guerrier térassant un soldat ennemi; 4.
en h. et Etude de 2 têtes, 8. en L. Belles
épreuves.

CASTIGLIONE, BENOIT.

654 L'entrée dans l'arche de Noé. *P. G. Vol. XXI.
Nro.* 1. Belle épr.

655 Le même sujet. *Nro.* 2. Seconde épr. belle.

656 Les équipages de Jacob; *Nro.* 4. Belle épr.

657 Tobie fait ensévelir les morts. *Nro.* 5. Id.

658 La même p. repetée.

659 La Vierge à genoux près de la crèche. *Nro.*
7. Bonne épr.

Nro. 650 Dieu le père considérant son fils. *Nro.* 11. Id.

661 La fuite en égypte. *Nro.* 12. Seconde épr.

662 Les corps de S. Pierre et de S. Paul., trouvés dans une caverne. *Nro.* 14. Tr. belle épr.

663 Fête de Pan; *Nro.* 16. Troisième épr. Belle.

664 Pan assis vis-à-vis d'un vase; *Nro.* 18. Tr. belle épr.

665 Diogène cherchant un homme; *Nro.* 21. Bonne épreuve.

666 La même p. L'épr. est belle, mais elle a des taches.

667 La Melancolie; *Nro.* 22. Belle épr.

668 Le génie de Castiglione; *Nro.* 23. Bonne épr.

669 La même p. Belle épr. mais un peu endommagée.

670 2 p. Le tombeau et les 4 savans. *Nros.* 24 et 25. Ces 2 p. sont toujours foibles d'épr.

671 2 p. Pan et Olympe *Nro.* 15. et la femme assise *Nro.* 26. Epr. mediocres.

672 Les bergers; *Nro.* 30. id.

673 4 p. Têtes orientales; *Nro.* 48—51. Belles épr.

674 3 p. Noé, Lazare et Fuite en Egypte d'apr. Castiglione; Fol. en L. Belles épr.

675 6 p. Troupeaux en voyage; id. id.

CASTIGLIONE, SALVATORE.

676 La résurrection de Lazare. *P. G. Vol. XXI.* *Nro.* 1. P. rare et très belle épr.

CAVALERIIS, J. B. DE.

677 2 p. St. Pierre et St. Paul. RAPHAEL. Fol. en h. Bonnes épr.

CAYLUS, COMTE DE.

678 Suite de 32 p. avec titre: Recueil de têtes d'Ant. VAN DYCK, du Cabinet Crozat. 8. en H. Belles épr.

CHAPRON, NICOLAS.

679 St. Jean l'évangeliste. Grav. à l'eauf. 4. en h.
Tr. belle épr.

680 3 p. Paysages avec Satyres. Gravures à l'eauf.
4. en h. et l. Belles épr.

CHASTEAU, GUILLAUME.

681 La Vierge adorant l'enfant Jésus, d'apr. LE
CORRÈGE. Fol. en Ov. Belle épr.

682 Jésus guérissant les aveugles; d'apr. N. POUS-
SIN. Fol. en L. Belle épr.

CHATELAIN, JEAN BAPT.

683 Suite de 4 paysages, dont 3 d'apr. G. ROUSSIN.
et le dernier d'apr. LE BOURGUIGNON. Pet. in-
fol. en L. Belles épr.

CHATILLON, LOUIS DE.

684 Suite de 7 p. Les sept sacrements d'apr. N.
POUSSIN. Fol. en L. Belles épr.

CHEREAU, FRANÇOIS.

685 Le Cardinal de Polignac, d'apr. RIGAUD. Fol.
en h. Belle épr.

686 La même p. Idem. Idem.

687 Le Cardinal de Fleury. Id. Id. Id.

688 Louis de Boullogne; d'apr. BOULOGNE. Id. Id.

689 Cl. Bern. Rousseau; Id. Tr. belle épr.

690 Conr. Detlev a Dehn, d'apr. RIGAUD. Id. Epr.
avt. la croix.

CHODOWIECKI, DANIEL.

691 2 p. Turcs à cheval Nro. 25. et paysage d'apr.
Dietrich; Nro. 26. — Belles épr.

692 Les adieux de Calas; Nro. 48. a. Anc. et belles épr.

Nro. 693 Le Cabinet d'un peintre; Nro. 75. Id. Id.

694 12 vignettes, pour le Curé de Wakefield; Nro. 159. Id. Id.

695 12 autres pour l'Almanac de Lauenbourg; Nro. 259. Rares.

696 12 p. Les mêmes. Planche entière. Idem.

697 12 p. pour l'histoire de Gilblas; Nro. 273—276. 285—288. et 313—316. Belles épr. des pl. entières. Rares.

698 8 p. *Lebensläufe.* Nro. 289. 290. 298—303. Belles épr.

699 Portrait du banquier Scheel; Nro. 344. Id.

700 Le petit Calas; Nro. 353. Rare. Belle épr.

701 4 p. Portraits. Nro. 204. et 361. — Bonnes épr.

702 12 p. Cérémonies de mariage; Nro. 356. Belles épr.

703 12 p. Les amateurs; Nro. 357. Rares.

704 12 p. Les mêmes. Idem.

705 2 p. pour l'histoire allemande; Nro. 436 et 534. Idem.

706 3 p. Idem, Nro. 794—796. Id.

707 Bataille, Nro. 638. Epr. avt. l. l.

708 6 p. différents sujets. 696. 756. etc.

709 6 autres id. id.

710 5 autres id. id.

CESIO, CHARLES.

711 Le martyre de St. André; *P. G. Vol. XXI. Nro.* 3. Original et Copie en Contrepartie. 2 Est.

712 La galerie du Palais Farnèse; *Nro.* 21—64. Manque ici le titre et les Nro. 2. 17. 18. et 19.

713 16 p. L'histoire d'Enée. *Nro.* 65—80. Belles épr.

CIAMBERLANO, LUCAS.

Nro. 714 Le Crist en jardinier; *P. G. Vol. XX. Nro.*
3. Belle épr.

715 5 p. des mystères du Rosaire, *Nro.* 5. 13. 14.
15 et 18.

CLAIRS-OBSCURS.

716 La Ste. Vierge, *P. G. Vol. XII. p. 57. Nro.*
12. Prem. épr.

717 La Ste. Vierge, par ANDRÉ ANDRÉANI *p.* 64.
Nro. 24. Sec. épr.

718 Autre Ste. vierge, par LE MÊME, *p.* 67. *Nro.* 27.
Prem. épreuve.

719 10 p. de la suite des Apôtres, *p.* 69. *Nro.* 1—
12. manquent les Nros. 7 et 9.

720 St. Pierre et St. Jean, d'apr. Raphael, *p.* 79.
Nro. 27.

721 Le martyre de St. Pierre et de St. Paul; *p.*
79. *Nro.* 28. Prem. épr.

722 2 p. Sybilles, par CORIOLANUS, *p.* 87 et 88.
Nro. 2. et 3.

723 Autre Sybille, par LE MÊME; *p.* 88. *Nro.* 5.
(Deux épr.)

724 Sybille, par H. DA CARPI; *p.* 89. *Nro.* 6.

725 Auguste et Tiburtine; par LE MÊME. *p.* 90.
Nro. 7.

726 L'enlèvement d'une Sabine; par LE MÊME; *p.*
93. *Nro.* 2.

727 Ajax. *p.* 99. *Nro.* 9. Idem.

728 Circé, *p.* 110. *Nro.* 6. Sec. épr.

729 Les honneurs rendus à Psyché; par A. DE
TRENTO, *p.* 125. *Nro.* 26. Prem. épr.

730 Venus et l'Amour, par N. BOLDRINI. *p.* 127.
Nro. 29. P. rare.

Nro 731 La vertu; par A. ANDRÉANI; *p.* 130. *Nro.* 9.
Sec. épr. (2 Fois).

732 La paix et l'abondance, par CORIOLAN *p.* 131·
Nro. 10. Prem. épr.

733 L'homme assis; *p.* 158. *Nro.* 13.

734 16 p. différents sujets, par div. maitres anciens et modernes,

CLEMENS, JEAN FREDERIC.

735 La mort du Général Montgomery. TRUMBULL,
Gr. in F. en L. Très belle épr.

COMTE, B. R.

736 2 p. Vûes de la Suisse, d'apr. GMELIN. Fol.
en L. Belles épr.

CONTI, CHARLES.

737 3 paysages, d'apr. BRANDT ET FERG. 4 en L.
Belles épr.

COOPER, RICHARD.

738 La Vierge et l'enft. Jésus, d'apr. LE CORREGE.
Fol. en h. Belle épr.

COPPENS, A.

739 2 p. Vûes de ruines de la ville de Bruxel-
les. A COPPENS *del. et fec.* Gravures à l'eauf.
4. en tr. Belles épr.

CORIOLANO, JEAN BAPT.

740 Le Christ couronné d'épines. *P.G. Vol. XIX.*
Nro. 1. anc. et belle êpr.

741 L'enséyelissement d'un pestiféré ; d'après G.
COURTOIS. Fol. en quarré. Id. Id.

CORT, CORNEILLE.

742 La Madelaine au désert. LE TITIEN. Fol. en h.
Bonne épr.

Nro. 743 3 p. dont deux statues dans des niches et le martyre de St. Laurent.

744 2 p. La bataille aux Eléphants; et Persée. Fol. en L.

745 3 p. St. Jérôme, St. Etienne et St. Louis; ce dernier par Lorenzini. Fol. en h.

COUCHÉ, JEAN.

746 2 p. Vûes de Meulan; d'apr. LANTARA et CASANOVA. 4. en ov. en L. Tr. belles épr.

COULET, ANNE-PHILIBERT.

747 2 p. Les pêcheurs florentins et napolitains; d'apr. VERNET. Fol. en h. Belles épr.

COURTOIS, JACQUES; DIT LE BOURGUIGNON.

748 Suite de 8 p. (numerotées 1—8.) avec marches et combats de Cavalerie. Gravures à l'eauforte in 8. en L. marquées en bas; *G. Cortese F.* Belles épr.

749 Combat de Cavalerie sous les murs d'une ville, 4. en L. marqué au milieu d'en bas: *F. Giacomo Cortese Borgogn.* Belle épr.

750 Prise de la ville de Berg sur le Rhin en 1589. Fol. en h. Belle épr.

CRANACH, LUCAS.

751 La pénitence de Chrisostome. *P. G. Vol. VII.* p. 276. *Nro.* 1. Belle épr.

752 Cavalier et dame à cheval; grav. en bois *p.* 292. *Nro.* 117. Idem.

CREMONESE, JOS. CALETTI DIT.

753 David; *P. G. Vol. XX. Nro.* 1. Bonne épr.

Iro. 754 David; *Nro.* 3. Epr. tachée.

755 La décollation de St. Jean. *Nro.* 6. Bonne épreuve.

756 L'Amoureux, *Nro.* 9. Idem.

CRISTOFALI.

757 L'arène de Verone. Fol. en L. Belle épr.

CRUGER, THEODOR.

758 16 p. Sujets divers; d'après différ. maitres. En H. et en L.

CUNEGO, DOM.

759 Dieu le père créant le monde : MICHEL - ANGE. Fol. en L. Bonne épr.

760 Six Saints adorant la Ste. Vierge, d'apr. LE TITIEN. Fol. en h. Idem.

761 Sibylla libyca; LE GUERCHIN. Pet. in Fol. en h. Belle épr.

762 2 p. Le tems enlevant la vérité et le char du soleil; d'apr. LE DOMINIQUIN. Fol. en L. Tr. belle épr.

763 P. allegorique; d'apr. RAMOS. Fol. en h. Id.

764 2 p. Dessus-portes, du Vatican; d'apr. MENGS. Fol. en L. Idem.

765 2 p. L'innocence et l'Allegro, d'apr. HAMIL-TON. Fol. en h. Belles épr.

766 Brutus; d'apr. LE MÊME. Fol. en L. Idem.

767 La Vierge et l'enfant; d'apr. MENGS; Fol. en rond. Idem.

768 2 p. Hébé et Junon; d'apr. HAMILTON. Fol. en h. Idem.

769 S. Madelaine; d'apr. LE GUIDE, 4. en Ov. Id.

770 2 p. de l'histoire d'Achille, d'apr. HAMILTON. Fol. en L. Idem.

CUYP, ALBERT.

771 6 petites pièces in 16. en L. réprésentant des vaches en différ. attitudes. Grav. à l'eauf. Bellés épr. (on y a joint les Copies gravées dans le même sens par K. Ponheimer) 12 Est.

DALEN, CORNEILLE VAN.

772 L'opulence de la nature, d'apr. RUBENS. (C'est la pl. d'en bas du Nro. 56. p. 121. en sec. épreuve.)

773 Le Médécin Sylvius; Fol. en h. Belle épr.

774 La même portrait. Très belle épreuve. Tronquée.

DALLINGER, A.

775 Femme et garçon à coté d'un troūpeau, d'après P. DE LAER. A l'aquat. in Fol. en h. Epr. avt. l. l.

DAMERY, J.

776 Suite de 12 p. avec Vases placés dans des campagnes. 1657. Grav. à l'eauf. in 4. en h.

DANCKERTS, DANCKER.

777 2 p. Pan et Syringa. Diane et Actéon; d'après C. HOLSTEIN. Fol. en h. belles épr. avec la prem. adresse.

778 2 p. Pan et Syringa repetée, épr. avec l'adr. d'Allardt. — Bacchanale d'apr. LE MÊME. Bonnes épr.

DANZEL, JÉRÔME.

Nro. 779 Socrate prononçant son discours sur l'immor-
talité de l'âme; d'apr. SANE. Fol. en L. Très
belle épr.

DARET, PIERRE.

780 Crucifix posé sur un lit, d'apr. SARRAZIN. Fol.
en L. Tr. belle épr.

DASSONVILLE, JAQUES.

781 3 p. Gueux à coté d'un arbre; Fumeur débout et famille de paysans assise devant une
Cabane. Grav. à l'eauf. in 16. et 8. Morceaux
rares.

DAULLÉ, JEAN.

782 Cl. Deshais Gendron; d'apr. RIGAUD. Fol. en
h. Belle épr.

783 Catherine Mignard; d'apr. MIGNARD. Id. Id.

DEAN, J.

784 Jeux d'enfants; *Four children*. RUBENS. Man
noire in Fol. en L. Bonne épr.

DELFT, JACQUES.

785 Portrait de Guillaume Prince de Nassau, d'apr.
MIEREFELDT. Fol. en h. dans un ovale. Tr.
belle épr. signée par Mariette.

DEMACHY.

786 Vestiges d'un ancien temple. DEMACHY. Fol.
en L. à l'aquatinta.

DEMARTEAU, GILLES.

787 Vierge de douleur. PIERRE. Fol en h. Man.
de crayon rouge.

DENON , VIVANT.

Nro. 788 Abraham traitant les 3 anges. L. CARRACHE. Pet. in Fol. en h. Bonne épr.

789 4 p. Etudes de têtes; 4 en h. et L. Belles épr.

790 Deux femmes assises près d'un enfant, couché dans un berceau. Gravure à l'eauf. dans le gout de Rembrandt, in Fol. en L. Tr. belle épr.

791 2 p. dont une d'aprés LE BASSAN. Belles épr.

792 L'innocence trainée devant l'ignorance; Fol. en L. Tr. belle épr.

793 Le grand taureau; d'apr. P. POTTER. Fol. en L. Belle épr.

DEQUEVAUVILLER , FRANÇOIS.

794 2 p. Vûes de l'adige et de Landeck, d'apr. BRANDT. Fol. en L. Tr. belles épr.

DESNOYERS , AUG. BOUCHER.

795 La Vierge au donataire, d'apr. RAPHAEL. Fol. en h. Sup. épr.

796 La Vierge dite la belle jardinière, d'apr. LE MÊME. Idem. Idem.

797 Phèdre et Hypolyte; d'apr. GUÉRIN. Fol. en L. Epr. à lettres blanches.

798 Bélisaire, d'apr. GERARD. Fol. en h. Sup. épr.

DESPLACES , LOUIS.

799 Hercule et le sagesse, d'apr. P. VERONESE. Fol. en h. Belle épr.

DEYSTER , LOUIS DE.

800 4 p. dont deux sujets d'Agar; la Madelaine et les amours; *P. G. Vol. V.* Nro. 1. 2. 5. et 6. Bonnes épr.

801 Les mêmes p. id.

DIES, a. c.

Nro. 802   2 paysages, Medée et Rinaldo. Eauxfortes. 4. en L. Belles épr.

803   Le dernier morceau répétée. Epr. avt. l. l.

804   3 paysages. Cascatella di Tivoli; A pié del monte Catillo à Tivoli; Tempio di Giove. Fol. en L. Belles épr.

DIERY, *ou* THIRY, léonard. (L. DAVEN).

805   Le repos de Diane; *P. G. XVI. p.* 320. *Nro.* 39. Belle épr.

806   Jupiter pressant les nuages; *p.* 326. *Nro.* 54. Epr. foible.

807   Hercule se laissant habiller en femme. *p.* 327. *Nro.* 55. Belle épr.

808   Vulcain et les cyclopes, *Nro.* 56. Belle épr.

809   4 p. de l'Ecole de Fontainebleau: fides, charitas, justicia èt spes. Au premier de ces morceaux: *F. Bologna Pinxit à Fontaine Belleau.* Gravures à l'eauf. in 8. en h. Epr. avec l'adr. de Ciartres.

DIETRICY, c. w. e.

810   L'adoration des bergers; *Dict. des artistes; Vol. IV. p.* 678. *Nro.* 9. Belle épr. avec le *Nro.* 78.

811   Le baptême du nègre; *ibid. Nro.* 10. Très belle épr. avt. le Nro.

812.   La nativité; *ibid. Nro.* 11. Belle épr. avec le Nro. 60.

813   La fuite en égypte; *p.* 679. *Nro.* 13. Anc. Epr. où l'enfant est éclairé.

Nro. 814 Autre fuite en égypte; *ibid. Nro* 14. Sec. épr. avt. la retouche.

815 La même p. Troisième èpr. Retouchée, mais avt. le Nro.

816 Les malades conduits vers le Seigneur: *p.* 680. *Nro.* 21. Epr. avt. le Nro.

817 L'enfant prodigue; *ibid. Nro.* 22. Epreuve avec le Nro.

818 L'Ecce homo; *p.* 681. *Nro.* 24. Epr. avt. le Nro.

819 La descente de croix; *ib. Nro.* 26 *a.* Idem.

820 St. Jacques préchant; *ibid. Nro•* 29. Epr. avt. le Nro.

821 La même p. *Prem. et tr. rare Epr. avt. le nom et l'année audessus du Vieillard* qui regarde par la croisée sur la droite de l'estampe.

822 Le mangeur de lentilles; *p.* 682. *Nro. 5.* Epr. avec le Nro. 75.

823 La même p. Prem. et tr. belle épr. avt. le Nro.

824 Le même sujet plus petit; *p.* 683. Epr. avt. le Nro. 65.

825 Le gardeur d'un troupeau; *idid. Nro.* 6. Prem. épr. avt. quantité de travaux.

826 Pastorale; *ibid. Nro.* 7. Idem. Idem.

827 Autre pastorale; *ibid. Nro.* 8. Epr. avt. le Nro.

828 Venus-assise; *ibid. Nro.* 9. Epr. avec le Nro. 9.

829 L'art d'écrire; *ibid. Nro.* 10. Epr. de la pl. coupée.

830 Les musiciens ambulans; *p.* 684. *Nro.* 12. Epr. avt. le Nro. 50.

831 3 p. Combats de tritons, *ibid. Nro.* 13. Epr. avt. les Nros. 19. 20, et 22.

Nro 832 Satyre [avec deux femmes; *p.* 685. *Nro.* 14. Epr. avt. le Nro. 21.

833 Le Charlatan; *p.* 687. *Nro.* 25. Epr. avt. le Nro. 79.

834 Le gagne-petit; *ibid.* *Nro.* 26. Quatrième épr. avec le Nro. 68. en bas de la g.

835 La même p. Prem. et tr. rare épr. à l'eauf. pûre avt. beaucoup de travaux.

836 Le marchand ambulant; *ibid.* *Nro.* 27. Sec. épr. avt. le Nro. 67. à la gauche d'en bas.

837 La même p. Prem. et très rare épr. à l'eauf. pûre avt. quantité de travaux.

838 Le preneur de rats; *ibid.* *Nro.* 28. Epr. avt. le Nro. 26.

839 Bélisaire; *ibid.* *Nro.* 29. Epr. avt. le Nro 28.

840 Le conducteur d'ours; *ibid.* *Nro.* 30. Epr. avt. le Nro. 18.

841 Gueux assis; *p.* 688. *Nro.* 31. Epr. avt. le Nro. 17.

842 Le femme et ses enfants; *p.* 689 *Nro.* 39. Morceau gravé en man. noire; Epr. avt. le Nro. 82.

843 Les musiciens ambulans; *ibid.* *Nro.* 42. Epr. avt. le Nro. 69.

844 Le charlatan; *p.* 690. *Nro.* 48. Epr. avt. le Nro. 66.

845 Suite de 5 petites p. avec figures et bustes. *p.* 695. *H. Nro.* 1—5. Epr. avt. les Nros.

846 Campagne d'Italie, avec vestiges d'anciens édifices, *p.* 697. *Nro.* 8. Epr. avec le Nro. 70.

847 3 paysages; *ibid.* Nro. 9. *a. b.* et *d.* Epreuves avec les Nros.

Nro. 848 Le paysage, *Nro.* 9. *a.* **Prem. Epr.** avt. la retouche.

849 4 paysages; *Nro.* 10. *a—d.* **Epr.** avec les Nros.

850 3 p. des préced. *Nro.* 10. *a—c.* Epr. à l'eauf. pûre et avt. le Nro.

851 2 paysages; *p.* 698. *Nro.* 11. *a. et b.* **Epr.** avt. les Nros.

852 Les mêmes p. Epr. à l'eauf. pûre, avant quantité de travaux.

853 6 paysages; *ibid. Nro.* 12. *a—f.* Epr. avant les Nros.

854 2 p. de la suite précédente; *Nro.* 12. *b. et f.* **Prem.** épr.

855 5 paysages; *p.* 699. *Nro.* 13. *a—e.* dont trois avant les Nros.

856 2 p. de la suite précéd. *Nro.* 13. *c. et e.* **Prem.** épr. avt. quantité de travaux.

857 2 paysages; *ibid. Nro.* 14. *a. et b.* **Prem.** épr. à l'eauf. pûre.

858 4 paysages; *p.* 700. *Nro.* 15—18. **Epr.** avt. les Nros.

859 Le paysage *Nro.* 18. répété. **Epr.** à l'eauf. p.

860 Les deux hommes à coté du bateau; *ibid. Nro.* 19. **Epr.** avt. le Nro.

861 4 paysages; *ibid. Nro.* 20. *a—d.* **Epr.** avt. les Nros.

862 Le Nro. 20. a. répété en plus belle épr.

863 3 paysages; *p.* 701. *Nro.* 21—23. **Epr.** avt. les Nros.

864 Paysage avec troupeau; *ibid. Nro.* 24. **Epr.** avt. le Nro.

865 Paysage avec ruines; *ibid. Nro.* 25. **Idem.**

Nro. 866 Paysage, avec ancienne tour; *ibid. Nro.* 26. Idem.

867 Paysage avec chûte d'eau; *p.* 702. *Nro.* 2. Epr. retouchée.

868 Paysage, servant de titre; *ibid. Nro.* 3. Quatrième Epr. avec l'adr. de Frauenholz.

869 La même p. Prem. épr. avant tout changement et lettres.

870 2 paysages avec pénitens; *ibid. Nro.* 4. Epr. avt. les Nros.

871 2 autres en quarré; *ibid. Nro.* 5. *a. et b.* Id.

872 Paysage. Vûe d'Italie; *p.* 703. *Nro.* 6. Idem.

873 5 p. Animaux; *ibid. a—e.* Epr. avec les Nros.

874 Mendiant assis; *ibid.* Grav. en bois.

875 2 p. Têtes de persans; grav. à l'eauf. in 4. en h. marquées *Dietricy f.*

DIETSCH, J. C.

876 Recueil de 30 paysages et autres sujets; Grav. à l'eauforte. Numerotées 1—30. 4. et 8. Bonnes épr.

DILLIS; GEORGE.

877 2 paysages, Intérieurs de forêts. 4. Grav. à l'eauf. in 4. en L. Belles épr.

DORIGNY, N.

878 2 p. La Ste. Vierge et l'enfant adorés par St. Charles et. St. Ignace; — L'adoration des Rois. — C. MARATTI. Fol. en h. Belles épr.

879 La descente de croix; morceau capital, d'apr. DANIEL DE VOLTERRE. Gr. in Fol. en L. Belle épreuve.

Nro. 880 L'ensévelissement de Ste. Petronelle. d'apr. LE GUERCHIN. Fol. en h. Tr. belle épr.

881 La transfiguration au mont Tabor, d'après RAPHAEL. Idem. Idem.

882 2 p. St. Pierre et St. Paul; d'apr. LE MEME. Fol. en L. Idem.

883 St. François adorant la Ste. Vierge et l'enfant Jésus en répos sur la fuite en égypte. ANN. CARRACHE. Fol. en L. Belle epr.

884 2 p. L'ignorance et l'école de dessin. C. MARATTE. Fol. en h. La prem. avt. l'adr.

885 Les amours de Psyche. RAPHAEL. 12 p. compris le titre et le triomphe de Galathée. Fol. en L. et H. Belles épr.

DRDA, JOS. AL.

886 L'adoration des bergers; d'apr. MENGS. Gr. in Fol. en h. Tr. belle épr.

DREVET, CLAUDE.

887 Portrait de Ph. L. Comte de Sinzendorf. RIGAUD. Fol. en h. Tr. belle épr.

888 La même p. et un autre Portrait.

DREVET, PIERRE.

889 Eliézer et Rebecca; d'apr. COYPEL. Fol. en h. Belle épr.

890 La Vierge et l'enfant assis dans un bois, d'apr. LE CORRÉGE. Id. Tr. belle épr.

891 La présentation au temple; d'apr. BOULLOGNE. Fol. en L. Idem.

892 Mad. Desjardins; d'apr. RIGAUD. Fol. en h. Belle épr.

893 Pierre Gillet; d'apr. LE MÊME. Id. Id,

894 Robert de Cotte; d'apr. LE MÊME. Id. Id.

895 Réné Fr. de Beauvau; d'apr. LE MEME. Id. Id.

896 Phlippe de Courcillon; d'apr. LE MÊME. Id. Id.

897 Le Cardinal Dubois; d'apr. LE MEME. Id. Id.

898 Christien de Guldenleu; d'apr. LE MEME. Id. Idem.

899 Nicolas Lambert, d'apr. LARGILLIERE. Id. Id.

900 Louis Alex. de Bourbon Comte de Toulouse; d'après RIGAUD. Fol. en h. Tr. belle épr.

901 Le même, plus grand. Id. Id. Id.

902 Hyacinte Rigaud; d'apr. LE MEME. Idem. Epr. avec l'annèe 1721. et la draperie alongée.

903 La même p. sans l'année et la draperie.

904 Marie Serre ; d'apr. LE MEME. Fol. en h. Belle épr.

DUBOURG, L. F.

905 Trois petites pièces, Sujets allégoriques, gravures à l'eauf. Belles épr.

906 3 p. Paysages, dont deux par M. ELGERSMA. Belles épreuves.

DUCHANGE. CASPAR.

907 Le Christ chassant les vendeurs du temple. J. JOUVENET. Fol. en L. Anc. et tr. belle épr.

908 Le Christ à table chez Simon le pharisien. Idem. Belle épr. un peu endommagée.

DUFLOS, CLAUDE.

909 L'annonciation à la Ste. Vierge, d'apr. LE DOMINIQUIN. Fol. en h. Tr. belle épr.

910 Ste. Cécile jouant de la harpe; d'apr. MIGNARD. Idem. Idem.

DU JARDIN, KARLE.

L'Oeuvre de ce maitre, en anciennes et belles épreuves numérotées à la droite d'en bas. La première pièce porte l'adresse de *G. Valk et P. Schenk.*

Nro. 911 Fontaine en ruîne; *P. G. Vol. I. Nro.* 1.

912 Les deux mulets; *Nro.* 2.

913 La vache et le veau; *Nro.* **3.**

914 Les chevaux; *Nro.* 4.

915 Les chiens: *Nro.* 5.

916 Les deux ânes; *Nro.* 6.

917 La chèvre et les moutons; *Nro.* 7.

918 Les cochons; *Nro.* 8.

919 Le village; *Nro.* 9.

920 La petite cascade; *Nro.* 10.

921 Les deux hommes; *Nro.* 11.

922 Restes d'un temple; *Nro.* 12.

923 Les chèvres; *Nro.* 13.

924 Les moutons; *Nro.* 14.

925 Les deux cochons; *Nro.* 15.

926 Les trois cochons; *Nro.* 16.

927 Les deux arbres; *Nro.* 17.

928 Les moutons et l'âne; *Nro.* 18.

929 Le paysan au bord de l'eau; *Nro.* 19.

930 Les muletiers; *Nro.* 20.

931 Le villageois et son chien; *Nro.* 21.

932 Le bouvier; *Nro.* 22.

933 La bergère; *Nro.* 23.

934 Les deux boeufs; *Nro.* 24.

935 Les deux chevaux; *Nro.* 25.

936 Le boeuf et l'âne; *Nro.* 26.

937 La villageoise, *Nro.* 27.

938 Le champ de bataille; *Nro.* 28.

Nro. 939 Le mulet et les deux ânes; *Nro.* 29.

940 Le pâtre; *Nro.* 30

941 La bergère; *Nro.* 31.

942 L'âne et les moutons; *Nro.* 32.

943 Les trois chèvres; *Nro.* 33.

944 Le troupeau de vaches; *Nro.* 34.

945 Les moutons; *Nro.* 35—40. Six est.

946 Le chien et le chat; *Nro.* 41.

947 Les brébis; *Nro.* 42.

948 La famille; *Nro.* 43.

949 Etudes de têtes; *Nro.* 44.

950 Paysages; *Nro.* 45—50. Six est.

951 Le jeune Savoyard; *Nro.* 51.

---

952 2 p. Les Nros. 27. et 34. repetés. Belles épr.

DUNKER, B. A.

953 Suite de 6| vûes des environs de Rôme, gravées à l'eauf. sur les gouaches de J. Ph. HACKERT. 8. en L. Belles èpr.

DUPUY, NICOLAS.

954 Pastorale ou concert champêtre. LE GEORGION, Fol. en L. Bonne épr.

955 2 portraits: De Largillière et Coustou. Fol. en h. Belles épr.

956 2 autres: De la Fosse et Betzkoy. Id. Id.

DURER, ALBERT.

957 5 p. de la passion de Jéses-Christ. *P. G. Vol. VII. Nro.* 3. 5. 8. 11. et 16. Belles épr.

958 Le Christ au jardin des olives; *Nro.* 19. Bonne épr.

959 L'enfant prodigue; *Nro.* 28. Idem.

Nro. 960 La Vierge assise; *Nro.* 35. Epr. endommagée.

961 Autre Vierge; *Nro.* 36. Belle épr. signée par Mariette.

962 Autre Vierge; *Nro.* 37. Belle épr.

963 2 p. Apôtres; *Nro.* 48. et 49. Bonnes épr.

964 St. Christophe; *Nro.* 51. Bonne épr.

965 Autre St. Christophe; *Nro.* 52. Idem.

966 St. Jérôme, *Nro.* 59. P. où l'eauf. n'a pas assez operée.

967 Autre St. Jérôme; *Nro.* 60. Bonne épr.

968 La mélancolie; *Nro.* 74. Epr. fatiguée.

969 L'enseigne; *Nro.* 87. Belle épr.

970 Le branle; *Nro.* 90. — St. Jérome dans sa cellule ; gravûre à l'eauf. d'apr. Durer. — Deux est.

971 Le grand cheval; *Nro.* 97. Bonne épr.

972 Albert de Mayence; *Nro.* 103. Epr. endommagée.

Gravures en bois.

973 4 p. de la grande-passion; *Nro.* 4. 5. 12 et 14.

974 8 p. de la petite passion; *Nro.* 17. 18. 20. 23. 32. 37. 40. et 42.

975 Le Cène; *Nro.* 53.

976 Jésus Christ à la croix; *Nro.* 58.

977 5 p. de la Vie de la Vierge; *Nro.* 79. 89. 91. 92. et 94.

978 St. Christophe; *Nro.* 103.

979 St. Jérôme; *Nro.* 113. Deux épr.

980 Autre St. Jérome, *Nro.* 114. Tr. belle épr.

981 Les dix mille martyrs; *Nro.* 117.

982 N. S. apparaissant à St. Grégoire, *Nro.* 123.

983 La portr. d'Alb. Durer; *Nro.* 156. Copie A.

DURMER, c.

Nro. 984 2 p. Le depart et le retour de la laitière;
d'apr. WHEATLY. Fol. en h. Man. noire. Très
belles épr.

DURMER, F. V.

985 2 p. Le retour de Hermann, et la mort de
Pallas; d'apr. ANG. KAUFMANN. Fol. en L.
au pointillé. Belles épr.

986 Les quatre saisons; d'apr. LE GUIDE. Id. Id.

DUSART, CORN.

987 La ventouse; *P. G. Vol. V. Nro.* 12. Très
belle épr.

988 Le chirurgien de village; *Nro.* 13. Idem.

989 Le cordonnier renommé; *Nro.* 14. Idem.

990 Le violon assis; *Nro.* 15. Idem.

991 La fête de village; *Nro.* 16. Idem.

992 2 p. les mois de Septembre et de Novem-
bre; *Nro.* 28 et 30. Man. noire. Idem.

DUTTENHOFER.

993 Grand paysage au burin avec Venus et Adonis assis sur la droite; d'après ANN. CARRA-
CHE. Tr. belle épr.

994 2 p. Vûes coloriées de Tyrol, d'après MOLI-
TOR. Fol. en L.

995 2 p. Vûes coloriées des villes de Bregenz et
d'Insbruck. Grand in F. en L. forme de frises.

DUVIVIER, IGNACE.

996 Vûes de Pologne 9 p. compris le titre. —
Gravures à l'eauf. in 8. en L. Anc. et très
belles épr.

997 8 p. Paysages et Vûes près de Vienne. 4. en
L. Idem.

Nro. 998   12 p. Suite de différens Sujets gravés et dessinés par J. D. d'après ses tableaux. Id. Id.

DYCK, ANTOINE VAN.

999   Le Christ au roseau. Prem. et très rare épr. avant les mots : *et fecit aqua forti.*

1000   La même p. Seconde épr. où ces mots se trouvent.

1001   Portrait du peintre Ant. Van Dyck, en buste placé sur un piédéstal ; la tête par Van Dyck, le reste par J. Neefs. Epr. endommagée.

1002   Jean Breughel ; Belle épr.

1003   Jodocus de Momper ; Idem.

1004   Paul Pontius ; Idem.

1005   François Snyders ; terminé par Néefs. Id.

1006   Lucas Vorstermann ; Belle épr. un peu endommagée.

1007   J. de Wael ; Belle épr.

1008   D. Ant. Triest évêque de Gand. Pl. terminée par P. de Jode. Belle épr. Elle a quelques tâches d'huile.

Portraits gravés d'après Van Dyck.

Bolswert, S. a.

1009   4 p. Juste Lips. — Maria Ruten. — Comte Aremberg. — Seb. Vrank. — Bonnes épr.

1010   3 p. Pepin, Epr. avt. le nom du graveur. — Adr. Brower. — J. B. Barbé. — Belles épreuves.

Clowet, Pierre.

1011   5 p. H. Riche. — Scribanius. — Van der Lamen. — Rogiers. — Anne Wake. — Idem.

Galle, Corn.

Nro. 1012 2 p. A. Wolfart. — E. Taie. — Idem.

Hondius, H.

1013 2 p. Fr. Frank. — G. Hondius. — Idem.

Jode, Pierre de, *dit le vieux.*

1014 4 p. Beatr. de Cusance. — J. de Montfort;
Épr. de l'édit. de Meysens. — Liberti. — Si-
mons. — Idem.

Jode, Pierre de, *dit le Jeune.*

1015 4 p. Genev. d'Urphe, Édit. de G. H. — J.
de Blois. — Ferdinand d'Autriche. — P. Hal-
malius; Édit. de M. v. d. E. — Idem.

1016 3 p. Tuldenus. — Puteanus. — Snellinx;
Epr. avt. le nom du graveur. — Idem.

1017 4 p. Poelembourch. — Jordaens. — A. de
Coster. — P. de Jode. — Idem.

Lombart, Pierre.

1018 Charles I. à cheval; Fol. en h. Belle épr.

1019 12 p. Portraits, connûs sous le titre des
Comtes et *Comtesses.* (Le portrait d'Elisabeth, Comtesse de Devonshire s'y trouve
deux fois, mais il y manque celui du Comte
de Pembrocke.) Belles épr.

Lommelin, Adrien.

1020 5 p. Ferdinand d'Autriche. — Bisthoven. —
I. C. Faillié. — Marselaer. — P. de Vos. — Id.

Pontius, Paul.

1021 4 p. Gustave Adolphe. — Marie d'Aremberg,
Édit. de I. M. — Scaglia, Abbé. — A Mi-
raeus, Édit. de M. v. d. E. — Idem.

Nro. 1022 4 p. E. Comte de Feria. — C. Hugens. —
C. Gevartius. — J. v. de Wouwer. — Idem.

1023 4 p. C. v. d. Geest. — Raphael d'Urbin. —
H. v. Baelen. — P. P. Rubens. — Idêm.

1024 4 p. J. Wildens. — J. v. Ravesteyn. — C.
de Crayer. — H. Steenwyck, de l'édit. de M.
v. d. E. — Idem.

1025 4 p. G. Segers. — G. Hondhorst. — T. Rombouts. — S. de Voss. — Idem.

1026 4 p. P. Palamedessen. — T. van Lon; Édit.
de G. H. — D. Mytens. — P. Pontius, Épr.
avt. le nom du graveur. — Idem.

1027 3 p. Van Baelen. — G. Crayer et I. Wildens.
Idem.

1028 Le prince de Savoye-Carignan; Prem. épr.
de l'édit. de G. II.

1029 Henri comte de Berghe; Épr. de l'édition
de Bon enfant.

1030 Fréderic Henri, Prince d'Orange; Épr. de
l'édition de van der Stock.

Voerst, Robert van.

1031 4 p. Chrétien de Halberstadt. — Phil. Héribert. — Digbi Kenelmus. — Inigo Jones —
R. van Voerst; Épr. avt. le nom du graveur. Id.

Vorsterman, Lucas.

1032 4 p. Gaston de France. — W. G. Palatin. — J. A. Eugénie Inf. d'Espagne. — P.
Stevens. — Idem.

1033 4 p. J. de Cachiopin. — A. Cornelissen —
F. de Moncado. — H. Gentileschi. — Id.

1034 4 p. J. de Momper. — D. Delmont. — L.
v. Uden. — A van Dyck. — Idem.

1035 4 p. C. Schut. — J. Livens. — C. de Vos. —

W. Coeberger; Epreuve avec une seule ligne de titre et avant le nom du graveur. — Idem.

Nro. 1036 4 p. J. v. Milder. — H. v. Eynden. — Th. Gallé. — P. de Jode. — Idem.

1037 Ch. de Mallery; Deux épr. d'ont l'une de l'édit. de M. v. d. E. et l'autre de celle de G. H. — Idem.

1038 4 p. J. Milder et Eugénie d'Espagne par Vorsterman. — M. Claire de Croy et E. de Solms, par Waumanns. — Idem.

1039 6 p. Portraits par différ. graveurs.

1040 7 p. Idem. Idem.

EARLOM, RICHARD.

1041 Agrippina arrivant à Brunduse avec les cendres de Germanicus; d'apr. WEST. Fol. en L. Man. noire. Belle épr.

1042 La forge, d'apr. WRIGHT. Fol. en haut. Man. noire. Très belle épr.

ECHARD, c.

1043 Son portrait, gravé à l'eauf. par lui-même; 8. en H. Tr. belle épr.

1044 Suite de 6 feuilles d'animaux, d'apr. H. ROOS. Grav. à l'eauf. 4. en H. et en L. Belles épr.

1045 4 p. Cahier de ruines et de paysages, déss. d'apr. Nature et gravés par C. E. 4. en L. Belles épr.

1046 7 p. Différents animaux; H. ROOS. 4. en L. et en H. Belles épr.

EDELINK, GÉRARD.

1047 Dominique Comte de Kaunitz; Fol. en H. Belle épr.

Nro. 1048   P. V. Bertin; d'apr. GOYPEL. Idem. Belle épreuve.

1049   La même p. Tr. belle épr. La marge d'en bas coupée.

1050   Jules H. Mansart; d'apr. RIGAUD. Fol. en h. Belle épr.

1051   La même p. Epr. postérieure avec l'adr. de Bligny.

1052   Philipe de Champagne; d'apr. CHAMPAGNE. Fol. en h. Belle épr.

1053   M. Van den Baugart; d'apr. RIGAUD. Id. Id.

1054   Portrait en pied de François de Médicis, Grand - Duc de Toscane. RUBENS. Fol. en h. Bonne épr.

1055   François Pitou; 4. en h. Belle épr.

1056   Réné Descartes; d'apr. Hals; Id. Id.

1057   Le sommeil de l'enfant Jésus, d'apr. STELLA; gr. in 4. en quarré. Prem. et tr. belle épr.

1058   La Ste. famille assise sous un palmier, d'apr. MARATTE. Fol. en h. Belle épr.

1059   Moise tenant les tables de la loi, d'apr. CHAMPAGNE. Fol. en h. par Edelink et Nanteuil. Tr. Belle épr.

1060   Le Combat des quatre Cavaliers; d'apr. L. DA VINCI. Fol. en L. Tr. belle épr.

1061   La Ste. famille, d'apr. RAPHAEL ; Fol. en h. Tr. belle épr. avec les armes de Colbert.

1062   La Madeleine se dépouillant de ses richesses; d'apr. LEBRUN. Belle épr.

1063   Le déluge, gravé conjointement avec Nicolas Edelink, d'apr. ALEX. VERONESE. Fol. en L. Sup. épr.

EGGER, JACQUES.

Nro. 1064 12 p. Etudes de têtes, au pointillé, FUGER.
4. en haut. Belles épr.

1065 18 p. Autres Etudes de têtes, id. RAPHAEL.
Idem. Idem.

EICHLER, M. G.

1066 Un bain. RIETER. Fol. en L. Belle épr.

ELLIOTT, WILLIAM.

1067 Intérieur d'une forêt, avec deux pêcheurs
près d'un Canot placé sur le devant; d'apr.
BRINHMANS. 4. en L. Tr. belle épr.

EMILI, JEAN.

1068 La Ste. famille; d'apr. RAPHAEL. Fol. en h.
Belle épr.

EREDI, BEN.

1069 Galatée sur les eaux. L. GIORDANO. Fol. en
L. Bonne épr.

ERHARD, J. C.

1070 10 p. Paysages, Vûes, Etudes et autres sujets, Grav. à l'eauf. in 12. Belles épr.

1071 7 p. Paysages et Vûes de Villages. 8. en L.
Idem.

1072 L'Ecôle de Manège, d'apr. TOUCHEMOLIN. 20
p. Idem.

1073 Cahier avec une suite de 4 vûes de Fulnek
en Moravie. SCHEYRER. Fol. en L Belles épr.

EVERDINGEN, ALLART VAN.

1074 2 paysages, les hameaux prés du saule et
prés du ruisseau; *P. G. Vol. II. Nro.* 1. *et*
2. Epr. foibles.

Nro. 1075   4 p. Les quatres hommes, *Nro.* 5. — La cabane *Nro.* 13. — Le hameau *Nro.* 19. et les tonneaux *Nro.* 20. Bonnes épr.

1076   7 p. Les trois figures *Nro.* 28. — Les planches *Nro.* 65. — La rivière *Nro.* 44. — Les barques *Nro.* 58. — Les nacelles *Nro.* 60. — Le village *Nro.* 61. et les dessinateurs *Nro.* 63. Idem.

1077   6 p. La rivière *Nro.* 82. — Le clocher *Nro.* 84. — Les chariots *Nro.* 85. — Les hommes chargés. *Nro.* 86. — Les 2 pins *Nro.* 93. — Le moulin à eau, *Nro.* 99. Idem.

1078   4 p. Les Eaux minérales de Spa. *Nro.* 95—98. Idem.

1079   Le Nro. 98. repeté, en meilleure épreuve.

FABER, J.

1080   2 Portraits en man. noire: **Mrs. Kroop** et Countess of Ranelagh; d'apr. KNELLER. Fol. en H. Belles épr.

FACINI, PIERRE.

1081   St. François d'Assise, *P. G. Vol. XVIII. Nro.* 1. Bonne épr.

1082   L'aveugle; *Nro.* 2. P. rare. Belle èpr.

FALCONE, ANGE.

1083   Le tombeau d'un homme de lettres, *P. G. Vol. XX. Nro.* 13. Troisième épr. avec les mots: *Donati Rascioti form.* à la suite du nom de Falco.

1084   La même p. Première épr. avant toutes lettre et retouche.

FALK, J.

1085   2 Portraits: Hans Schack; c. v. MANDER et Mochinger; AD. BOY. 4. en h. Belles épr.

FARINATI, HORACE.

1086 La passage de la mer rouge; *P. G. Vol. XVI. Nro.* 1. Tr. belle épr.

1087 La déscente de croix; *Nro.* 2. Bonne épr.

1088 La Ste. Vierge, *Nro.* 3. Séc. mais belle épr.

1089 Autre Ste. Vierge; *Nro.* 4. Bonne épr.

1090 Les anges portant la croix; *Nro.* 5. Idem.

FARINATI, PAUL.

1091 La charité; *P. G. Vol. XVI. Nro.* 4. Epr. médiocre.

1092 Le satyre ivre; *Nro.* 9. Bonne épr. avec l'adresse.

FARJAT, BEN.

1093 2 p. St. Jean baptisant le Christ; d'apr. c MARATTE. et St. François Xavier, d'apr. GAUL-LUS. Fol. en L. et H.

FERDINAND, L.

1094 11 p. Jeux d'Enfants et d'Amours. Frises en longueur, gravées à l'eauf. Belles épr.

FERRONI, JERÔME.

1095 Judith; *P. G. Vol. XXI. Nro.* 3. Tr. belle épreuve.

1096 St. Charles Borromée; *Nro.* 6. Belle épr.

1097 St. Pierre et St. Jean; *Nro.* 8. Tr. belle épr.

FIALETTI, ODOARDO.

1098 Les nôces de Cana; *P. G. Vol. XVII. Nro.* 2. — Epr. endommagée.

1099 St. Sebastien; *Nro.* 3. Epr. postérieure.

1100 3 p. Venus, Pan et Mars; *Nro.* 21—23. Belles épr.

Nro. 1101 Jeux d'Amour *Nro.* 7. 12. 14—16. avec 16 Copies par Milheus.

1102 3 p. Grotesques, *Nro.* 40. 46. et 54.

FIESSINGER, F.

1103 3 p. Le someil de Jésus, d'apr. CIGNANI. — La prudence d'apr. FRANCESCHINI. — L'Amour ménaçant, d'apr. LE GUIDE. 4. en H. Belles épr.

FIQUET, E.

1104 2 Portr. J. J. Rousseau et J. de Crébillon; AVED. 8. en H. Bonnes épr.

FISCHER, JOSEPH.

1105 Le Christ au temple; L'ESPAGNOLET. Fol. en L. Bonne épr.

1106 La mise au tombeau; Fol. en H. Sup. épr. avt. toutes lettres.

1107 Quatre amours aiguisant leurs flêches; d'apr. LE CORREGE. 4. en Sexagone. Epr. avt. l. l.

1108 Suite de 8 p. Chiens en différ. attitudes, dediée au Comte Fréd. de Sinzendorf. Grav. à l'eauf. in 4. en L. Tr. belles épr.

1109 13 p. différentes études, têtes, billets, griffonements etc.

FISCHER, JEAN MARTIN.

1110 Traité de l'anatomie accompagné de 10 planches gravées au trait. (Manque le texte in 8.)

FITTLER, JAMES.

1111 L'arc de Constantin; paysage d'apr. CL. LORRAIN. Fol. en tr. Belle épr.

FLAMEN, ALB.

Nro. 1112   12 p. Suite de différ. oiseaux groupés dans des paysages. *P. G. Vol. V. Nro.* 81—92. Prem. et tr. belles épr.

1113   2 p. Vûes de Marcoussy et du port à l'Anglois; *Nro.* 106. et 107. Prem. épr.

1114   Chasse au Sanglier; *Nro.* 434. *du Cat. Rigal.* Seconde épr. marquée au milieu du devant: *P. Gallays ex.*

FLIPPART, J. J.

1115   La chasse aux tygres; d'apr. BOUCHER. Fol. en H. Belle épr.

1116   4 p. Sujets de Conversation, d'apr. P. LONCHI. Fol. en H. Belles épr.

1117   Le paralitique servi par ses enfants, d'apr. GREUZE. Fol. en L. Epr. à l'eauf. pûre.

FOCUS, G.

1118   2 p. Paysages gravés à l'eauforte dans le gout du Guaspre: *Nro.* 3 *et* 4. *p.* 478. *du Cat. Rigal.* Pet. in Fol. en L. Anc. et belles épr.

FOLKEMA, JACQUES.

1119   Le médecin examinateur; d'apr. NETSCHER. Fol. en H. Belle épr.

FOLO, JEAN.

1120   Adam et Eve; d'apr. LE TITIEN; Fol. en L. Très belle épr.

1121   St. Sébastien; d'apr. LE GUERCHIN. Idem. Sup. épr.

1122   Le tems relevant la verité; d'apr. N. POUSSIN. Idem. Tr. belle épr.

Nro. 1123 3 p. Le printems, l'été et l'automne ; TOFA-
NELLI. Fol. en H. au Pointillé. Belles épr.

1124 4 p. Faune ; Bacchante ; Venus et Diane ;
Idem.

FONTANA, P.

1125 2 p. Monument de la Comtesse d'Haro ; d'a-
près CANOVA. Fol. Belles épr.

FONTEBASSO, FR.

1126 Le pape Grégoire priant pour les âmes du
purgatoire. SEB. RICCI Fol. en H. Grav. à l'eauforte. Belle épr.

FOURNIER.

1127 2 p. Paysages, d'apr. S. ROSA. Fol. en L.
Belles épr.

FRAGONARD.

1128 5 p. Paysages grav. à l'eauf. in 8. en L. Belles épr.

FRANCO, BAPT.

1129 Moise frappant le rocher ; *P. G. Vol. XVI.*
Nro. 2. Belle epr.

1130 L'empereur Constantin donnant Rôme au
St. Siège ; *Nro.* 55. P. rare et très belle
épreuve.

1131 La même p. Epreuve jaunie.

1132 Jésus Christ portant sa croix. *Nro.* 11. Prem.
épr. avt. l'adr.

1133 La Ste. Famille. *Nro.* 27. Bonne épr.

1134 Autre Ste. Famille, *Nro.* 31. Idem.

1135 Le force et la justice ; *Nro.* 57. Belle épr.

Nro. 1136 La femme en prières; *Nro.* 72. Bonne épr.
1137 8 p. Sujets détachés des *Nros.* 81—85.
Belles épr.

FRANCOIS, j. c.

1138 Le corps de garde; grav. en manière de
dessin d'apr. VANLOO. Fol. en L. Belle épr.

FRATREL.

1139 La sagesse. Pet. in Fol. en H. Belle épr.
et Tête de Magdalène; Morceau en Couleurs. Deux Est.

FREY, j.

1140 Le sacrifice de Noé; N. POUSSIN; Fol. en
L. Belle épr.

1141 La Vierge au linge; RAPHAEL. Fol. en H.
Bonne épr.

1142 Sujet saint; HY. BRANDI. Idem. Idem.

1143 4 p. David dansant devant l'arche; Judith montrant la téte d'Holoferne; 2 sujets de l'histoire d'Esther; LE DOMINIQUIN. Id. Id.

1144 L'adoration des Rois; C. MARATTE. Id. Id.

1145 La Sainte famille; Beatus homo etc. Idem.
Idem. Idem.

1146 Repos sur la fuite en Egypte; Flores mei
etc. Id. Id. Id.

1147 L'adoration des bergers; S. CONCA; Fol. en
L. Bonne épr.

1148 La Ste. Famille, avec Ste. Anne, St. Jean,
Zeno et Antoine, abbés. ANT. BALESTRA. Fol.
en H. Bonne épr.

1149 La Sainte Trinité. LE GUIDE. Fol. en H.
Bonne épr.

1150 La Sainte Vierge couronnée par Dieu le

père et Jésus Christ. ANN. CARRACHE. Fol. en L. Belle épr.

Nro. 1151 Hérodiade prenant la tête de St. Jean Bapt. LE GUIDE. Fol. en H. Bonne épr.

1152 La guérison d'Ananie aveugle. P. BERETTINO. Fol. en H. Bonne épr.

1153 St. André à genoux en face de sa croix. C. MARATTE. Fol. en L. Bonne épr.

1154 St. Benoit assis dans un paysage stérile. C. CIGNANI. Fol. en H. Bonne épr.

1155 St. Charles Borommée, portant la sainte croix. P. BERETTINO. Fol. en H. Bonne épr.

1156 La mort de St. François. C. MARATTE. Fol. en H. Bonne épr.

1157 St. Grégoire; ANN. CARRACHE. Fol. en H. Bonne épr.

1158 St. Ignace de Loyola térassant le démon; d'après le marbre de JOS. RUSCONUS. Fol. en H. Bonne épr.

1159 St. Michel térassant le démon. LE GUIDE. Fol. en H. Bonne épr.

1160 Ste. Petronelle; LE GUERCHIN; Fol. en H. Anc. et belle épr.

1161 St. Romualde. ANDR. SACCHI. Folio. en H. Bonne épr.

1162 2 p. Le martyre de St. Sebastian; DOMINI-CHINO. — Offrande à un Saint; BONAV. LAMBERTI. — Fol. en H. Bonnes épr.

1163 Les 4 docteurs de l'église; LE GUIDE. Fol. en H. Belle épr.

1164 Saints adorant la Ste. Vierge; S. CONCA. Fol. en H. Bonnes épr. Deuxestampes.

Nro. 1165 Auguste faisant fermer la temple de Janus. C. MARATTE. Fol. en H. Bonne épr.

1166 Cléopatre dissolvant la perle; C. MARATTE; Fol. en H. Belle Epr.

1167 Le pape Benoit XIV. protecteur des arts et sciences; POMP. BATTONI. Fol. en H. Epr. avant l'inscription.

1168 La charité. FR. ALBANI. Fol. en L. Belle épr.

1169 L'enlèvement d'Europe; ALBANI. Fol. en L. Belle épr.

1170 Sujet mythologique. N. POUSSIN. Fol. en L. Bonne épr.

1171 Sujet allégorique, Custos clementia Mundi. C. MARATTE. Fol. en H. Bonne épr.

1172a 2 p. L'Aurore; — Bacchus et Ariadne; d'apr. LE GUIDE. Gr. in Fol. en L. Belles épr.

1172b L'Aurore, est. repetée. Belle épr.

FREY, J. DE.

1173 Jacob béni par Isac; d'apr. FLINK. Grav. à l'eauf. in 4. en L. Sup. épr.

1174 Les pélérins d'Emaus; d'apr. REMBRANDT. Id. Fol. en H. Idem.

FREY, M.

1175 Vestale. J. RAOUX. 4. en L. Epr. avt. l. l.

1176 Le bon vieillard en négligé; d'apr. MAAS. Fol. en h. Belle épr.

FREZZA, J. H.

1177 L'assomption de la Vierge; C. MARATTE. Fol. en H. Bonne épr.

1178 2 p. Saturne et la Nuit; L'ALBANE. Fol. en H. Bonnes épr.

FRIEDERICH, J. C. J.

Nro. 1179   2 paysages avec figures et animaux. Grav. à l'eauforte, in 4. en tr. Belles épr.

FRYE, THOMAS.

1180   2 p. Bustes de dames, grand. naturelle. En man. noire. Belles épr.

FUESLI, RODOLPHE.

1181   2 p. La Rascienne honteuse et l'intrigue dé-
1182   couverte; Grav. à l'eauf. in 4. en H. Belles épr.

FUGER, HENRI.

1182   4 p. Etudes de têtes et de bustes. Gravûres à l'eauforte. in 8. en H. et L. Belles épr.

1183   5 p. Idem. Id. Id. Id.

1184   Génie courronnant la peinture. 8vo. en L. Belle épr.

1185   Jupiter surpris par Junon. 4. en H. Idem.

1186   Moise et Aron. Pet. in Fol. en H. Idem.

FYT, JEAN.

1187   8 p. Suite de différens animaux; *P. G. Vol. IV. Nro.* 1—8. Epr. avec l'adr. de Van Merlen.

1188   5 p. de la suite des Chiens, savoir les *Nro.* 11. 12. 13. 14. *et* 15. Prem. et tr. belles épr.

GABET, FRANÇOIS.

1189   2 Paysages, d'apr. Molitor; *Nro.* 1. *et* 2. *du Catalogue de l'oeuvre de Molitor. par Adam de Bartsch.* Epr. avt. l. l.

1190   6 autres de forme ronde; *Nro.* 3—8. Tr. belles épr.

1191   2 autres; *Nro.* 9. et 10. Belles épr.

Nro. 1192 3 autres; *Nro.* 19. *et* 20. Du premier **Mor**ceau deux épreuves, dont une avant l. l.

1193 4 autres; *Nro.* 23—26. Belles épr.

1194 4 autres; *Nro.* 27. 30—32. Idem.

1195 2 autres; *Nro.* 36. *et* 37. Prem. épr. avt. l'adr. de Frauenholz.

1196 8 autres, dont deux d'apr. WEIROTTER.

GAILLARD, R.

1197 E. R. Potier de Gèvres; d'apr. P. BATTONI. Fol. en H. Belle épr.

GALESTRUZZI, J. B.

1198 St. André et St. Fabius débout se tenant par la main. *P. G. Vol. XXI. Nro.* 2.

1199 5 p. de l'histoire romaine. *Nro.* 3 à 7. Belles épr.

1200 5 p. Appollon et Diane perçant de flèches les enfans de Niobé. *Nro.* 16 *à* 20. Le Nro. 19. en première, les autres en 2 des épr.

1201 6 p. Les trophées d'armes antiques; *Nro.* 41—46. Prem. épr.

1202 6 p. Des trophées d'armes et des Vases. *Nro.* 47—52. Belles épr.

1203 Femme tenant une lyre. De la suite des pierres antiques. Prem. épr. avt. les inscriptions.

GALLE, PHIL.

1204 Appollon tuant les enfants de Niobé; d'apr. JULES ROMAIN. *Prem. et trés rare apr. avant les vers :* EN NIOBAE - MONET *dans la tablette au haut de la droite.* (Cette épr. a une tache d'encre vers la gauche d'en haut.)

1205 Suite de 20 p. (compris le titre). Nouvelles découvertes; d'apr. STRADANUS. 4. en L. Belles épr.

GANDOLFI.

1206 La Ste. Vierge avec l'enfant et St. Jean; d'apr. LE GUIDE. Fol. en H. Sup. Épr.

GANTREL, E.

1207 Les saintes femmes pleurant le corps mort du Christ; d'apr. N. POUSSIN. Fol. en L. Épr. un peu endommagée.

GATTI, OLIVIER.

1208 Abraham et Isac, *P. G. Vol. XIX. Nro* 3. Belle épr.

1209 La Ste. Vierge; *Nro.* 26. Belle épr.

GAULTIER, L.

1210 Le jugement dernier; M. ANGE. Fol. en H. Belle épr.

1211 La même sujet plus petit, appresso Nic. Nelli.

GAUERMANN, CHARLES.

1212 8 p. Paysages et vûes, dessinés et grav. par Gauermann, 16 et 8vo. en L. Tr. belles épr.

1213 2 autres; in 4to. en H. Idem.

1214 2 autres avec animaux, dont un d'après MOLITOR. 4. en L. Idem.

1215 4 autres; petit in Fol. en L. Idem.

1216 2 autres; le Christ sur le chemin d'Émaüs, et les trois femmes allant au tombeau. Fol. en L. Idem.

1217 2 autres, dans le goût du Gaspre. Id. Id.

1218 Paysage avec fontaine, d'après N. POUSSIN. Idem.

GÉLÉE, CLAUDE, dit LE LORRAIN.

Nro. 1219 Vûe du Campo-Vaccino. *Nro.* 5. *du Catalogue Rigal.* Contre-Epr. avt. l.l.

1220 Le vaisseau battû par la tempête, *Nro.* 8. (3) Tr. belle épr.

1221 Le troupeau passant la rivière; *Nro.* 9. (4) Idem.

1222 Port de mer; *Nro.* 14. (9) Belle épr.

GENOELS, ABRAHAM.

1223 Les deux femmes; *P. G. Vol. IV. Nro.* 25. Belle épr.

1224 4 paysages. Le temple; la pierre carrée; le sacrifice et l'arc de triomphe; *Nro.* 29. —32. Bonnes épr.

1225 4 p. La femme débout, *Nro.* 24. Le pays stérile *Nro.* 33. Les cignes *Nro.* 5o. Le Sépulcre *Nro.* 53. ld.

1226 6 p. Le bateau; le pays de rochers; le pont La rivière; la chûte d'eau, et les trois figures. *Nro.* 6o—65. Sec. épr.

1227 Le bateau; *Nro.* 6o. Est. repetée. Toute prem Epr. avt. les noms d'auteur et d'editeur.

1228 Les deux Statues; *Nro.* 69. Belle épr.

1229 10 p. différens paysages; d'apr. Genoels. *Nro.* 12—17. et *Nro.* 56—59.

GESSNER, SALOMON.

123o L'enlèvement de Ganymède. Gravure à l'eauf. in 4. en H. Tr. belle épr.

1231 8 p. Paysages et Pastorales, de la suite dédiée à Watelet. (manque le Nro. 6. et le Nro. 10.) 4. en H. Belles épr.

1232 8 p. Paysages et Scènes champêtres, 4. en L. Idem.

Nro. 1233   7 p. dont cinq Vignettes pour les voyages de Gulliver et 2 paysages d'apr. Gessner par J. H. Mayer. 8. et 12. Idem.

GHEYN; J. DE.

1234   Hercule débout en face de l'abondance. 1617, 4. en quarré. Bonne épr.

1235   Un porte-drapeau marchant vers la droite. Pet. in Fol. en H. Belle épr.

GHISI, ADAM MANTUANO.

1236   2 p. Hercule et Faune; *P. G. Vol. XV.* *Nro.* 10. et 11. Bonnes épr.

1237   Hercule portant sa massùe; *Nro.* 16. Belle, épreuve.

1238   Diane allant à la chasse; *Nro.* 18. Bonne épr.

1239   Hercule étouffant le lion; *Nro.* 21. Belle épr.

1240   La servitude; *Nro.* 103. Epr. *avec l'adresse de Rossi.*

GHISI, DIANE MANTOUANA.

1241   La femme adultère; *P. G. Vol. XV.* Nro. 4. Prem. épr. avt. l'adresse.

1242   Regulus enfermé dans un tonneau *Nro.* 36. Copie.

1243   Hercule tenant la massue et les pommes; *Nro.* 38. Epr. avec les adresses de *Duchetti* et d'*Orlandi.*

1244   La naissance d'Appollon et de Diane. Nro. 39. Belle épr. Elle porte l'adr. de *Pacificus.*

1245   L'appareil pour les nôces de Psyché; *Nro.* 40. Grande estampe de trois feuilles. Belles épr.

*

Nro. 1246 Jeune homme se tirant une épine du pied gauche; *Nro* 42. Epr. avec l'adresse d'*Orlandi*, placée au dessus de celle de Duchetti.

1247 La sainte Famille, composée de la Vierge, des enfants Jésus et St. Jean, de St. Joseph et de Ste. Anne. — Au devant du berceau dans lequel repose l'enfant Jésus est écrit: *Diane F.* En bas se trouve l'inscription: *Haec Senior — Deum.* P. non mentionnée au Peintre Gray.

GHISI, GEORGE MANTOUANO.

1248 La dispute sur le St. Sacrement; *P. G. Vol. XV. Nro.* 23. Gr. morceau en deux feuilles non collées ensemble. Belle épr.

1249 L'école d'Athènes; *Nro.* 24. Idem. Idem.

1250 4 p. Représentations de Neptune et de Thétis; *Nro.* 30—33. Bonnes épr.

1251 La victoire; *Nro.* 34. Belle épr.

1252 Venus et Vulcain; *Nro.* 35. Idem.

1253 2 p. Plafonds; *Nro.* 37. et 38. Bonnes épr.

1254 L'Hercule Farnèse, *Nro.* 41. Belle épr. avec l'adr. d'*Orlandi* dans la marge d'en bas.

1255 Vénus et Adonis; *Nro.* 42. Belle épr.

1256 Le chasseur Orion; *Nro.* 43. Copie en Contrep. par G. ab Avibus. Idem.

1257 Cupidon et Psyché; *Nro.* 45. Tr. belle épr.

1258 Triomphe de Bacchus, *Nro.* 46. Bonne épr.

1259 Appollon, Neptune, Pluton et Pallas, *Nro.* 51. Belle épr.

1260 Cybèle remettant à deux génies le fils de Titon; *Nro.* 57. Belle épr. (Aux pieds de Cybèle: *Jac. Honcruogt excudit.*)

Nro. 1261a. Appollon au parnasse; *Nro.* 58. Copie.

1261b. Céphale et Procris; *Nro.* 61. Troisième épr. Belle.

1262 Angélique et Médore; *Nro.* 62. Sup. épr.

GIORDANO, LUCAS.

1263 J. Christ disputant au temple; *P. G. Vol. XXI. Nro.* 3. Tr. belle épr.

1264 La femme adultère; *Nro.* 5. Bonne épr.

1265 St. Anne; *Nro.* 6. Prem. et tr. rare. Epr. — La marge d'en bas coupée.

GIOVANNINI, JACQUES.

1266 12 p. Sujets divers, gravures à l'eauf. Fol. en h. Bonnes épr.

GIRARDET ET FORTIER.

1267 2 p. Fête à Bachus et Fête à Cérés, d'apr. N. POUSSIN. Fol. en L. Sup. épr.

GLAUBER, JEAN.

1268 Troisième Vûe de la Chartreuse; *P. G. Vol. V. Nro.* 3. Prem. épr. avt. les mots: *J. Glauber féc.*

1269 6 p. de la Suite de diff. paysages; *Nro.* 7. 8. (Epr. et Contre épr.) 9. 15. 17. et 18. Bonnes épr. Sept Est.

1270 5 p. La barque *Nro.* 19. L'homme couché *Nro.* 20. Pays d'un vaste étendûe; *Nro.* 21. La cascade; *Nro.* 23. Ces 3 p. en secondes épr. — Nymphes au bain; d'apr. Glauber.

GLUME, G.

1271 2 p. Portrait de l'auteur assis dans un fauteuil le crayon à la main; et de son épouse, assise dans un fauteuil un livre posé sur ses genoux. Grav. à l'eauf. 4. en H. Bonnes épr.

Nro. 1272 2 p. Portrait d'un artiste assis à coté d'un buste. — Portrait d'un jeune homme assis à coté d'un globe celeste. Id. Id. Id.

GMELIN, w. f.

1273 Suite de 6 paysages, vûes de Naples, Ischia, Capri etc. 4. en L. Belles épr.

1274 2 p. La grotte de Neptune et la Cascade de Terni. Fol. en H. Idem.

1275 2 p. Les cascatelles et les petites cascatelles de Tivoli. Fol. en L. Idem avec l'adr. de Gmelin.

1276 2 p. Vûes de la Villa Mecène. Idem. Idem avec l'adr. de Frauenholz.

1277 Vûe de la Cascade de Laufen, d'après. SCHALCH. Fol. en L. Belle épr.

1278 Le monument de S. Gessner, d'apr. WUEST. Idem. Idem.

1279 Le lac d'Albano; Idem. Idem.

GOLE, j.

1280 Guillaume III. à cheval. Man. noire. 4. en H. Belle épr.

GOLZIUS, henri.

1281 Un porte drapeau; *P. G. Vol. III. Nro.* 125. Belle épr.

1282 Les neuf muses, suite de 9 p. *Nro.* 146-154. Prem. épr. avant l'adr. de Danckerts.

1283 Les principaux Dieux grecs; *Nro.* 249—256. Prem. épr. avant l'adr. de Valk (manque à cette suite le Nro. 6. Mercure) 7 Estampes.

1284 Les quatres évangélistes entourant Jésus Christ; *Nro.* 265. Bonne épr.

Nro. 1285 St. Jérôme priant devant un crucifix. *Nro.* 266.

1286 2 p. Sujets mythologiques. Fol. en H.

1287 5 p. par et d'apr. Golzius.

1288 Les vertûs et les pechés. 13 p. d'apr. H. Golzius. 4. en H. Bonnes épr.

GOUDT, HENRI.

1289 Tobie et l'ange; d'apr. ELSHEIMER. 8. en L. Belle épr.

1290 Le même sujet, 4. en L. Tr. belle épr.

1291 La fuite en Égypte; Fol. en L. Idem.

1292 St. Jean décapité; Tr. pet. p. en ovale. Bonne épr.

1293 Philémon et Baucis; 4. en L. Tr. belle épr.

1294 Cérés se désaltérant; Fol. en H. Idem.

1295 L'aurore, paysage in 4. en L. Idem.

1296 Tobie et l'ange. Estampe repetée; 4. en L. Belle épr. La seconde ligne des vers est coupée.

GOUPY.

1297 Diane à la chasse aux cerfs; d'apr. RUBENS; *Nro.* 23. Anc. et belle épr. La marge d'en bas coupée.

GOYA, FRANCESCO.

1298 2 p. Les philosophes Aesopus et Moenippe; d'apr. VELASQUEZ. Gravures à l'eauf. in Fol. en haut. Belles épr.

GOYEN, JEAN VAN.

1299 Paysage avec rivière, qu'un charriot attelé de deux chevaux, passe dans une barque. Grav. à l'eauf. in 8. en L. marquée à gauche

dans la marge d'en bas : *Jan van Goye.* Belle
épreuve.

GREEN, VALENTIN.

Nro. 1300 2 p. Régulus retournant à Carthage et le Serment d'Annibal; d'apr. WEST. Gr. in Fol. en
L. Tr. belles épr.

GREGORI, F.

1301 12 p. Statues et groupes antiques, tels que
le Laocoon, la Vénus de Medicis. etc. Fol.
en H. Belles épr.

GRIGNON, J.

1302 Antoine Vallot, Fol. en H. Tr. belle épr.

GRIMALDI, JEAN FRANÇOIS.

1303 2 paysages; les deux hommes et le fut de la
Colonne; *P. G. Vol. XIX. Nro.* 5. et 9.
Belles épr.

1304 3 autres; Les deux hommes; *Nro.* 28. et
32. les joueurs aux dés; *Nro.* 38.

1305 La briqueterie; *Nro.* 42. Belle épr.

1306 La même p. Prem. et tr. belle épr. *avant
l'adresse de Rossi.*

1307 Ste. Madelaine pénitente; *Nro.* 43. Prem.
et tr. belle épr. *avt. l'adr. de Rossi.*

1308 2 paysages, le joueur de luth et les jouers
aux dés. *Nro.* 54. et 55. Le prem. en belle
épreuve.

GUIDACCI, A.

1309 Portrait d'homme, vû en buste. 8. en H.
Deux épr.

GUIDI, RAPHAEL.

1310 Le Christ à la croix et la Sépulture; d'apr.
LE BAROCHE. Fol. en H.

GUNST, PIERRE DE.

Nro. 1311 Arthur Goodwin; d'apr. VANDYCK. Fol. en
H. Belle épr.

1312 2 p. la tente de Darius; et l'entrée d'Alexandre à Babylone; d'apr. LEBRUN. Chaque
sujet composée de deux feuilles in Fol. en
H. Tr. belles épr.

1313 Suite de 9 p. Sujets mythologiques, in Fol.
en H. d'apr. LE TITIEN. *Rares.*

GUYOT.

1314 2 p. Vûes de Londres; d'apr. BELANGER. 4.
en Ovale, *Coloriées.*

HACKERT, GEORGE.

1315 2 p. Vûes de Carpentras et de Fréjus, d'apr.
J. PH. HACKERT. Gr. in 4. en L. Tr. belles épr.

HACKAERT, JEAN.

1316 Suite de 6 p. Vûes et paysages. *P. G. Vol.
IV. Nro.* 1—6. Prem. et sup. épr.

HACKERT, JEAN PHILIPE.

1317 Suite de 4 vûes dessinées dans le roy. de
Naples et grav. par J. Ph. Hackert à Rome
1779. Fol. en H. Tr. belles épr.

1318 4 p. Vûes de Naples: peints et gravées par
Ph. Hackert. Gr. in fol. en L. Tr. Belles épr.

1319 Vûe de la ville de Rôme. Id. Id. Id.

HAELWECHG, A.

1320 Portrait de Fréderic III. Roi de Dannemarc.
C. v. Mander p. Fol. en h. Belle épr. un
peu endommagée à la bordure de la droite.

HAGEDORN.

Nro. 1321 4 p. Paysages, dont 3 par Hagedorn et le
4e. par J. Hartmann.

HAID; J. E.

1322 2 p. L'annonciation et la visitation ; d'apr.
V. der Werff, en man. noire. Fol. en H. Tr.
belles épr.

HAINZELMANN, ELIE.

1323 La Ste. Famille ; d'apr. SÉB. BOURDON. Fol.
en L. Bonne épr.

HALDENWANG, CHR.

1324 6 p. Suite de paysages dans le gôut du Claude. A l'aquatinta sur les dessins de *Wehle*.
8. en L. Tr. belles épr.

1325 Grand paysage, avec troupeau passant un
pont. Idem. Fol. en. L. Epr. avt. l. l.

1326 Autre grand paysage, *Die hcimkehrende
Heerde*. CL. LORRAIN. Fol. en L. au burin. Tr.
belle épr.

HALL, JOHN.

1327 Venus et Adonis ; d'apr. WEST. Fol. en L. Tr.
belle épr.

1328 Portrait du Général Boyd, Gouv. de Gibraltar ; d'apr. A. POGGI. Fol. en H. Idem.

1329 Autre de Richard Brinsay Sheridan d'apr.
REYNOLDS. Fol. en H. Idem.

HARMS, J. OSWALD.

1330 4 p. Ruines d'architecture. Grav. a l'eauf. in
8. en h. Belles épr.

HAUBER.

1331 Portrait du Corrège ; Grav. à l'eauf in 8. en
L. Tr. belle épr. avt. l. l.

1332 L'épouilleuse; id. in Fol. en H. d'apr. Murillo.
Belle épr.

HEATH , j.

1333 La mort du Major Pierson. j. singleton.
Belle épr. un peu endommagée en haut.

HECKE, jean van den.

1334 2 p. Le chien qui boit et les cinq vaches en
répos *P. G. Vol. I. Nro. 7 et* 10. Belles épr.

HEGI, fr.

1335 4 p. avec voyageurs traversant des forêts ;
d'apr. kobell. 4. en H. et L. à l'aquat. Belles épr.

HEIDLOFF.

1336 2 paysages à l'eauforte ; d'apr. molitor. Belles épr.

HEIMLICH , d.

1337 Suite de 4 paysages, Vûes de l'Alsace 1775.
Eauxfortes in 4. en L. Anc. et belles épr.

HEMERY , a. f.

1338 Portrait d'un enfant en costume polonais.
netscher. 4. en H. Epr. avant l. l.

HERZINGER , ant.

1339 2 p. Etudes d'animaux, d'apr. h. roos. 4. en
L. Belles épr.

1340 3 p. Chevaux et Liévre ; d'après klein. Idem·

1341 Grand paysage avec une cascade sur le devant. ruysdael. Fol. en H. à l'aquat. Belle épr.

1342 Paysage à l'aquatinta, avec troupeau pas-

sant un gué prés d'un petit pont; d'apr. BER-
CHEM. Fol. en L. Epr. avt. tout. lettres.

Nro. 1343 Le troupeau traversant l'eau , d'apr. H. ROOS.
Fol. en L. Belle épr.

1344 2 paysages avec animaux, d'apr. H. ROOS.
Fol. en L. Belles épr.

HESS, CHARLES.

1345 Portrait de Rubens; 4. en H. Belle Epr.

1346 Portrait de Rembrand. Fol. en H. Prem. et
tr. belle épr. avt. l. l.

1347 La Ste. Famille ; d'apr. RAPHAEL. Pet. in Fol.
en H. Sup. épr.

1348 La Ste. Vierge avec l'enf. Jesus, d'apr. C.
DOLCE. Fol. en rond. Sup. épr. avant la let-
re remplie.

1349 Cahier contenant 10 p. représentant différens
chevaux de guerre de la monarchie autri-
chienne. Fol. en L. avec pl. d'explication.

HIRSCHVOGEL.

1350 3 p. par Hirschvogel et Hopfer.

HOFFMANN, J.

1351 Le siège de la ville de Vienne en 1683.
Grande pièce composée de 4 feuilles. Belles épr.

HOGARTH, WILLIAM.

1352 A midnight modern Conversation. Fol. en
L. Tr. belle épr.

HOGENBERG, FRANÇOIS.

1353 La fable de Psyché; 1575. Dans la marge
d'en bas de chaque pièce se trouvent quatre
vers allemands du coté droit et quatre vers
latins du coté gauche. (Ni Huber Vol. IX. p.

3o. ni Tauriscus Euboeus p. 61, ne parlent de ces vers latins.) Manque à cette suite le Nro. 7. — Trente Estampes.

HOLLAR, WENCESLAS.

Nro. 1354 Seleucus se crévant un oeuil. JUL. ROMAIN. Fol. en L. Belle épr.

1355 La reine de Saba au trône de Salomon. d'apr. P. VERONÈSE. Fol. en L. Belle épr.

1356 4 p. Tobie; Vûe de Besagna et deux jeux d'amours; 8. en L. Bonnes épr.

1357 12 p. Les papillons; 8. en L. très belles épr.

1358 4 p. Gueux, *die Bettlerzunft*; Man. de Callot, en forme de frises; Idem.

1359 4 p. Navires naviguant sur mer par un gros tems. 8. en L. Belles épr.

1360 Suite de 8 p. Vûes de différ. endroits, avec titre: *Amoenissimi Aliquot etc.* 8. en L. Idem.

1361 5 p. différ. paysages; d'apr. BREUGHEL, ELSHEIMER. etc. Idem.

1362 Portrait d'Alb. Durer; deux épr. avec et sans les mots: *L. Lancelottus.*

1363 2 Portraits; J. Weston, Epr. de l'édit. de Meyssens. — Elis. Lenox.

1364 2 autres; les Wael; et Thom. Howard.

1365 10 petites p. Têtes, Études, Portraits etc.

HOLSTEYN, PIERRE.

1366 2 p. Portraits d'Adr. Pauw et de J. v. d. Burchius. G. TERBURCH. 8. en h. Bonnes épr.

HOUBRAKEN, J.

1367 5 Portraits: Henriette Wolters; J. de Witt.

Corn. Pieterszoon ; A. Bicker et Langen-
dyk. 8. en H. Bonnes épr.

Nro. 1368 4 p. Différens Portraits. Tr. belles épr.

HOULANGER.

1369 2 p. Vierges. Fol. en H. Belles épr.
1370 La Ste. Vierge; d'apr. RAPHAEL. Fol. en H.
et 4 autres p. par diff. Graveurs.

HUCHTENBURGH, JEAN.

1371 Les pilleurs; p. en man. noire; *P. G. Vol.
V. Nro.* 1 Sup. épr.
1372 Melée de cavalerie; Idem *Nro.* 6. Idem.
1373 La revûe prés d'Arnhem. *Nro.* 10. Anc. et
tr. belle épr.
1374 4 p. Général entouré d'officiers et Combats
de Cavalerie; *Nro.* 31.—34. Anc. et belles
épreuves.

HYRE, L. DE LA.

1375 6 p. dont deux jeux enfants et quatres paysages gravés à l'eauf. en 1640. 8. en tr. Trés
belles épr.

JACOBÉ, J.

1376 Samson et Dalila. REMBRAND. Fol. en L. Belle épr.
1377 Tigre tué par le prince de Nassau. d'apr.
CASANUOVA. Idem. Idem.

JANINET.

1378 4 p. Vûes de Paris, d'apr. DURAND. 4. en Ovales. Coloriées.
1379 4 p. Autres Vûes de Paris, d'apr. LE MÊME.
4. en Quarré. Idem.

JANOTA.

Nro. 1380 Ste. Catherine de Siène; ALLORI; Fol. en H. Anc. et belle épr.

JANSON, J.

1381 4 p. Vaches et veaux dans des prairies; Grav. à l'eauf. in 4. en quarré. Tr. belles épr.

1382 La même Suite; Prem. épr. à l'eauf. pûre avant les ciels et les lointains.

JEAURAT, E.

1383 Salomon adorant les idôles, d'apr. VLEU-GHELS. Fol. en L. Belle épr.

JEGHER, CHR.

1384 Le couronnement de la Vierge. RUBENS. *Nro.* 15. *p.* 53. Grav. en bois. Belle épr.

IMPÉRIALE, JÉRÔME.

1385 La Ste. Vierge; *P. G. Vol. XX. Nro.* 3. Tr. belle épr.

INGOUF, LE JEUNE.

1386 Canadiens au tombeau de leur enfant, d'apr. LE BARBIER. Fol. en H. Belle épr.

JODE, G. DE.

1387 14 p. La vie de Ste. Catherine de Siène, d'apr. VANNI. 4. en H. Belles épr.

JODE, PIERRE DE.

1388 La nativité; d'apr. JORDANS. *Cat. de Jordaens par Basan. p.* 7. *Nro.* 2. Belle épr.

1389 St. Martin guérissant un possedé, d'adr. LE MÊME. *Nro.* 12. Belle épr. la marge coupée.

1390 a. La même p. Idem. la marge non coupée..

Nro. 1390b. Jesus Christ et Ste. Catherine de Siène,
d'apr. VANNI. Fol. en h. Belle épr.

JOHN, F.

1391 2 portraits : Bucher et un autre ; 8. en H.
au pointillé. Belles épr.

1392 2 autres : Mad. de Mudersbach, et H. Zim-
mermann. Id. Id.

1393 4 p. diff. sujets, d'apr. FUGER et ZAUNER.
Bonnes épr.

1394 St. Joseph tenant l'enft. Jésus, d'apr. LE COR-
RÈGE. 4. en H. Sup. épr. avt. l. l.

1395 Ste. Famille, d'apr. BART. DE SAN MARCO. Fol.
en H. Belle épr.

1396 La mort d'Abel, d'apr. FÜGER. Fol. en H.
Sup. épr. avt. l. l.

JONCKHEER ET P. V. H.

1397 2 p. Le chien debout *P. G. Vol. 1. Nro.* 6.
et les trois chiens *Nro.* 10. Belles épr.

JONES, J.

1398 Edmund Burke, d'apr. ROMNEY. Fol. en H.
man. noire. Tr. belle épr.

JORDAENS, J.

1399 La descente de croix. Gravure à l'eauf. *Nro.*
11. *du Catal. de l'oeuvre de Jordaens par
Basan.* Belle épr.

1400 Mercure tuant Argus ; *Nro.* 16 Prem. et tr.
belle épr. avt. l'adresse de Blocteling.

1401 Junon surprenant Jupiter avec Jo ; *Nro.* 17.
Id. Id.

1402 Jupiter enfant nourri par Amalthée ; *Nro.*
19. Id. Id.

Nro. 1403 Femme à sa toilette; *Nro.* 27.

1404 Cacus dérobant les vaches d'Hercule. *Nro.* 30. Id. Id.

JOUANNINUS, J. M.

1405 La Ste. Vierge, l'enfant Jesus, St. Jerôme et Ste Madelaine. LE CORRÉGE. Gr. in fol. en h. Epr. endommagée.

JUSTER, JOS.

1406 La Ste Vierge et l'enft. Jésus, d'apr. L. DA VINCI. Grav. à l'eauf. in fol. en H. Belle épr.

JUVANTS, FR.

1407 Saturne, *P. Gr. Vol. XXI, Nro.* 2. Belle épr.

1408 St. André, à genoux sur la droite, adore la croix qu'on voit vers la gauche et en avant de laquelle se trouvent deux femmes agenouillées. *P. non mentionnée au Peintre Graveur.* H. 14 p. 6 lignes (y compris la marge d'un pouce) L. 11. p. 1 l. Première et rarissime épr. à l'eauf. pûre et avant toutes lettres.

1409 La même p. Epr. postérieure avec une dédicace au chanoine Gambardella dans la marge du bas.

INCONNU, *marquant des lettres J. B.*

1410 La force; *P. G. Vol. VIII. Nro.* 28. Bonne épr.

1411 Les enfants vendangeurs; *Nro.* 35. Belle épr.

KAUFMANN, ANGEL.

1412 Portrait de J. Winkelmann; Grav. à l'eauf. in 4. en H. Belle épr.

Nro. 1413 Portrait d'une jeune dame assisse, derrière
elle se voit un pâon. Id. Id. Id.

1414 L'Espérance; Id. Id. Id.

1415 L'Allegra; Id. Id. Id.

KEATING, GEORGE.

1416 La duchesse de Devonshire, d'apr. REYNOLDS.
Fol. en H. Man. noire. Tr. belle épr.

KILIAN, LUCAS.

1417 3 p. différents Sujets.

KILIAN, PHIL.

1418 Portrait de J. Spillenberger. Fol. en H. Bonne épr.

KININGER, VINC.

1419 Les trois juifs en discussion. Grav. à l'eauf.
in 4. en L. Tr. belle épr.

1420 6 p. litographiées d'apr. Fûger, L'abon-
dance; Mars et Pallas; St. Pierre et l'ange;
La religion; la justice; et la Renommée.
Fol. en rond. Sup. épr.

1421 Paysage avec cheval et ânon au paturâge;
d'apr. C. DUJARDIN. P. lithographiée in Fol. en
L. Sup. épr.

1422 Socrate devant ses juges, d'apr. FUGER. Man.
noire. Epreuve foible.

1423 La mort de Virginie; d'apr. le MÊME. Idem.
Tr. belle épr.

KLASS, F. C.

1424 Suite de 4 petits paysages. 8. en L. 1775.
Belles épr.

KLAUBER, J. S.

1425 Portrait de Chr. Gabr. Allegrain, d'apr.

DUPLESSIS. Fol. en h. Prem. et tr. belle épreuve.

KLEIN, JEAN ADAM.

Nro. 1426 6 p. Études de chevaux. 1818 et 1819. P. litographiées, in Fol. en L.

1427 Six chevaux détélés d'un Charriot, et occuppés à manger; 1815. Fol. en L. Epr. terminée.

1428 La même p. Epr. à l'eauf. pûre.

1429 6 p Études d'Animaux; 1817. 4. en L. Belles épr.

1430 3 p. Billets de nouvel an. 1814, 15 et 18. Idem.

1431 10 p. Études de figures et d'animaux. 12. en H. et L. Idem.

1432 Taureau débout dans une prairie; 1817. 4. en L. Idem.

1433 Vache et veau dans une écurie; 1817. Idem. Idem.

1434 12 p. Études dessinées sur cuivre; 1815. 8. et 4. Belles épr

1435 6 p. Différens chevaux; Prem. Livraison 1810 et 1811. In 4. Idem.

1436 13 p. Différ. chevaux, Sec. Livraison. Idem.

1437 6 p. Sujets militaires; 1814. 4. en L. Epr. avt. la dédicace.

1438 4 p. différents Sujets. Belles épr.

1439 6 p. Idem. Idem.

1440 5 p. Idem, Idem.

1441 3 p. Idem, Idem.

1442 6 p. Sujets militaires, dont deux à l'aquatinta. Belles épr.

*

1443 6 p. différens animàux. Idem.

KLENGEL, J. L.

1444 7 p. Paysages, Intérieurs, Animaux etc. Gravures à l'eauf. en pet. format. Belles épr.

1445 7 p. Muletiers en voyages, Marine, Vestiges
d'anc. monuments. 4. en L. Idem.

1446 Vûes d'Aquadotti et du Monte Testaccio prés
de Rome; 4. en L. Tr. belles épr.

1447 Paysage avec troupeau sortant des ruines
d'un chateau placé sur la droite. 4. en L
Epr. à l'eauf. pûre avt. toute lettre.

KOBELL, FERD.

1448 6 p. dont 4 paysages et 2 p. avec chiens.
16 en tr. Anc. et belles épr.

1449 8 p. Paysages, Vûes de forêts et de hameaux, 12 en tr. Idem.

1450 4 p. Idem avec cascades. 12. en h. Idem.

1451 8 p. Idem. Intérieurs de forêts. 12. en quarré etc. Idem.

1452 8 p. Idem, avec moulins, hameaux. 12. en
L. Idem.

1453 4 p. Idem, Vûes de rivières; Id. Id.

1454 6 p. Idem, avec Sîtes agrestes; 12. en H.
Idem.

1455 4 p. Idem, avec chateaux et forêts; 12. en
quarré. Id.

1456 4 p. Idem, avec reflêts de lumières et pom-
pes d'eau. 8. en H. Idem.

1457 8 p. Idem, avec intérieurs de forêts, villages etc. 8. en L. Idem.

1458 8 p. Idem, Id. Id. Id.

1459 9 p. Idem, Id. Id. Id.

Nro. 1460 8 p. Idem, Idem. 4. en L. Id.

1461 3 p. Idem, dont un qui sert de frontispice, 4. en H. Idem.

1462 2 p. Intérieurs de Cabanes; au premier des paysans en querelle; au second une famille en répos. 8. en H. Idem.

KOBELL, FRANÇOIS.

1463 2 Paysages. Agar au désert et Ermite en méditation. Gravures à l'eauf. in 4. en H. Belles épr.

KOBELL, GUILLAUME.

Morceaux à l'aquatinta en tr. belles épr.

1464 2 p. Le cheval à la lueur du flambeau et le cheval qui pisse, d'apr. WOUWERMAN. 8. en H.

1465 2 p. Chevaux dans l'écurie, d'apr. LE MÊME. 8. en L.

1466 L'étang aux Canards, d'apr. WYNANTS. Fol. en L.

1467 L'amusement des bergers, d'apr. CL. LORRAIN. Idem.

1468 La blanchisseuse, d'apr. BERGHEM. 4. en H.

1469 Le troupeau en répos; d'apr. LE MÊME. Id.

1470 Le troupeau traversant la rivière, d'apr. LE MÊME. 4. en tr.

1471 L'aumône, d'apr. LE MÊME. Idem.

1472 Les chasseurs en répos, d'apr. LINGELBACH. Idem.

1473 Le cheval tenù par la bride, d'apr. WOUWERWAN. Idem.

1474 Le muletier, d'apr. G. Romain; 8. en H.

Nrō. 1475 Le taureau et les moutons, d'apr. H. ROOS. 4. en H.

1476 La vache et les brébis, d'apr. LE MÊME. Id.

1477 Le troupeau en répos; d'apr. LE MÊME. Pet. in Fol. en L.

1478 La bergère et le troupeau, d'apr. VAN BERGEN. 4. en H.

1479 La bergère dans le bois; d'apr. BOTH. Pet. in Fol. en H.

1480 Le petit troupeau, d'apr. LE DUC. Idem.

1481 La vache dans l'eau; d'apr. VANDERVELDE. Fol. en L.

1482 La même p. d'une teinte plus foncée.

1483 2 p. La Ste. Famille et St. Jean Bapt. d'apr. G. POUSSIN et FR. BEICH. in 4. en rond.

1484 Le Canal. d'apr. PERSSELIS. 4. en Ovale.

1485 La Caravane en répos, d'apr. WYCK. Fol. en L.

1486 La chûte d'eau. Fol. en H.

1487 Le Camp aux occuppations du soir, d'apr. WOUWERMAN. Fol. en L.

1468 Le troupeau dans le bois; d'apr. FRANÇ KOBELL. Pet. in Fol. en L.

1489 La course de chevaux qui a eu lieu à Munic le 17. Oct. 1810. Grav. à l'eauf. in Fol. en L. Belle épr.

1490 6 p. sur chacune un Cavalier; Grav. à l'eauf. in 4. en H. et L. Belles épr.

KOBELL, HENDRICK.

1491 Vestiges de batimens, au pied desquels deux paysans avec un chien. Grav. à l'eauf. in 4. en H. Tr. belle epr.

KOELBL, ANTOINE.

Nro. 1492 8 paysages, grav. à l'eauf. 8. en L. Belles épreuves.

1493 6 autres; 4. en L. Idem.

1494 6 autres. Idem. Idem.

1495 2 autres; gr. in 4. en L. Idem.

KOHL, CLEM.

1496 2 p. Vignettes; 8. en H. Epr. avt. l. l.

1497 5 p. autres. Idem. Tr. belles épr.

1498 3 p. autres. 4. en H. Epr. avt. l. l.

1499 2 p. Isac; — L'astrologue. Grav. à l'eauf. d'apr. LOUIS KOHL. 4. en L. Belles épr.

1500 Le Roi de Prusse, d'apr. FRANK. Prem. épr.

1501 Ferdinand Duc de Bronsvic, d'apr. ZINSENIS. Tr. belle épr.

1502 Charles Guillaume Duc de Brunsvic, d'apr. GRAFF. Trois différentes épreuves.

KOLBE, C. W.

1503 7 p. Paysages et animaux; Grav. à l'eauf. in 12. et 8. Tr. belles épr.

1504 5 p. Autres pareils; 8. en L. Idem.

1505 2 p. Autres avec Satyres etc. 4. en H. Id.

1506 4 p. Autres avec Intérieurs de forêts; Fol. en L. Idem.

1507 2 p. La chasse au cerf et le rendez-vous près de la fontaine. Idem. Idem.

1508 2 p. Le temple et le soir, d'apr. SALOMON GESSNER. Idem. Idem.

1509 2. p. Le concert et la danse de garçons, d'apr. LE MÊME. Fol. en H. Idem.

LAAN, v. DER.

Nro. 1510 Suite de 16 p. Navires et Embarquements; d'apr. VANDER MEULEN; 8. en tr. Belles épr.

1511 Autre suite de 16 p. Sujets pareils d'apr. LE MÊME. Idem. Idem.

LAER, PIERRE DE.

1512 Différens animaux, Suite de 8 p. *P. G. Vol. I. Nro.* 1—8. Belles épr.

1513 Différens chevaux, Suite de 6 p. *Nro.* 9—14. Belles épr.

1514 La famille; *Nro.* 15. Tr. belle épr.

LAFAGE, R.

1515 14 p. différents sujets.

1516 Suite de 30 p. avec titre : Différens Desseins etc. a Augsbourg chez Wolff.

LAGRENÉE, JEAN JACQUES.

1517 4 p. Vieillard assis, Sacrifice, St. Jérôme, et Vierge avec l'enfant. Gravures à l'eauf. in 8. et 4. Belles épr.

LA HYRE, L. DE.

1518 3 p. Sujets de Ste. famille; Gravures à l'eauf. in Fol. en H. et L. Belles épr.

LAIRESSE, GÉRARD.

1519 14 p. différ. Sujets. 8. et 4.
1520 7 p. id. id. Fol. en H.
1521 6 p. id. id. Fol. en H. et en L.
1522 6 p. id. id. id.
1523 6 p. id. id. Fol. en L.
1524 5 p. id. id. par et d'apr. lui.

LA MARRA, FR.

Nro. 1525 2 p. Éruptions du Vésuve. A. JOLLI. Grav. à l'eauf. Fol. en L.

LANA, LOUIS.

1526 St. Sébastien; *P. G. Vol. XVIII.* Nro. 4. Belle épr.

1527 La mort de Sénèque; *Nro.* 5. Idem.

1528 Herculant déchirant le lion; *Nro.* 6. Tr. belle épr.

LANDERER, DIED. J.

1529 2 p. Paysages avec sujets rustiques Gravures à l'eauf. imprimées sur papier brun et rehaussées de blanc. Pet. in Fol. en L.

LANDERER, F.

1530 2 p. Le Christ à la Croix et le portrait de Marinoni; 4. en H. Belles épr.

1531 2 p. Paysages; le pâturage et la cascade. PILLEMENT. Fol. en L.

LANFRANCO, J.

1532 10 p. de la bible. *P. G Vol. XVIII. Nro.* 6. 9. 13. 16. 18. 20. 23. 28. et les Nros. 8. (23) et 23 (54) de S. Badalochio.

LANZEDELLY.

1533 Portrait de Rembrandt, P. lithographiée. 4. en H. Tr. Belle épr.

1534 Autre de P. P. Rubens. Id. Id. Id.

1535 Autre de Mad. Borgondio, Id. Id. Id.

LARMESSIN, DE.

1536 Woldemar de Lowendal, d'apr. BOUCHER. Fol. en H. Belle épr.

Nro. 1537 Marie Princesse de Pologne, Reine de France, d'apr. VANLOO. Id. Id.

LA RUE., DE.

1538 10 p. Sujets militaires, Marches et Combats de Cavalerie. Gravures à l'eauf. in 8. en L. Belles épreuves.

LAUSNE, ETIENNE DE.

1539 2 p. Le couronnement de Trajan et les trois grâces; in 8. Bonnes épr.

LAURENZIANUS, JACQUES.

1540 Trophée d'armes; Frise en longueur, d'après POLYDOBE, grav. à l'eauf. —Contre Epr.

LAUTENSACK, HANS SEBALDE.

1541 Paysage; *P. G. Vol. IX. Nro.* 25. Belle épr.

LAWERS, NICOLAS.

1542 Philémon et Baucis., d'apr. JORDAENS. *Nro.* 18. Epr. avt. l'adresse.

LEBAS.

1543 Vûe d'Anvers. TENIERS. Gr. in Fol. en L. Anc. et belle épr.

1544 Quatrième fête flamande. Id. Id. Très belle épreuve.

1545 La recompense villageoise. CL. LORRAIN. Fol. en L. Id.

LEBAS ET MARTINI.

1546 Vûe des environs de Groningue; d'apr. RUYS-DAEL. Fol. en L. Belle épr.

LEBRUN, CHARLES.

1547 3 p. des quatres heures du jour, savoir: *Meridies, Vesper* et *Nox.* Gravures à l'eauf. in 4. en L. Belles épr.

LECLERC, SÉBASTIEN.

Nro. 1548　2 p. Assemblées, in 8. en tr. Belles épr.

1549　58 p. Vignettes, sujets de l'histoire sainte et autres; 12. en H.

LE GROS, SAUVEUR.

1550　3 paysages, dont un avec troupeau d'apr. OMMEGANK. Grav. à l'eauf. in 8. en L. Belles épreuves.

LEIDENSDORF, F. A. DE.

1551　Buste de Vierge dans un ovale en H. Belle épreuve.

LE PAUTRE, JEAN.

1552　4 p. petits paysages, vûes et monuments. Grav. à l'eauf. Au premier: *Jean Lepautre In. fe.* 1644. Belles épr.

1553　Suite de 12 p. Scènes de la vie de Moise. 4. en tr. Belles épr.

LÉPICIÉ.

1554　Portrait de Philbert Orry, d'apr. RIGAUD. Fol. en H. Bonne épr. La même p. Belle épreuve. Deux Est.

LERPINIÈRE, DANIEL.

1555　L'adoration du veau d'or.; Grand paysage d'apr. CL. LORRAIN. Fol. en L. Belle épr.

LE PRINCE.

1556　10 p. Divers habillements des prêtres de Russie. Grav. à l'eauf. in 8. en H. Belles épr.

LEVEAU.

1557　Le vaisseau submergué, d'apr. VERNET. Fol. en L. Belle épr.

LEYBOLD, J. F.

Nro. 1558 La mort de Papirius, d'apr. HETSCH; Fol. en
L. Belle épr.

LEYDE, LUOAS DE.

1559 Adam et Eve; *P. G. Vol. VII. Nro.* 6.
Belle épr. signée par Mr. de Bartsch.

1560 St. Joachim et Ste. Anne; *Nro.* 34. Bonne
épreuve.

1561 2 p. Le baptême de Jésus Christ; et le Christ
tenté par le démon; *Nro.* 40. et 41. Bonnes épr.

1562 Le couronnement d'épines; *Nro.* 69. Belle
épreuve.

1563 Jésus Christ portant la Croix. *Nro.* 72. Bonne épr.

1564 2 p. Le Christ aux épines; *Nro.* 73. et 76.
Epr. endommagées.

1565 La Ste. Vierge debout; *Nro.* 82. Belle èpr.

1566 4 p. Apôtres; *Nro.* 87. 88. 91. et 96. Bonnes épr.

1567 St. Christophe; *Nro.* 109. Bonne épr.

1568 2 p. La foi, *Nro.* 127. Mars et Vénus Nro. 137.
Epr. médiocres.

1569 2 p. Rinceaux d'ornements; *Nro.* 164. et
169. Idem.

1570 3 p. *Nro.* 126. 156. (Copie) et 171. Idem.

LIGARIUS, JFAN PIERRE.

1571 Le matyre de St. Pierre; *J. Petrus Liga-
rius Sondriensis Inu. et Inc.* Grav. à l'eauf.
in Fol. en H. Belle épr.

LIONI, OCTAVE.

Nro. 1572   Portrait d'un homme de moyen âge; *P. G. Vol. XVII. Nro.* 1. Bonne épr. — 62 *)

1573   Portrait de l'auteur; *Nro.* 6. Idem. — 58.

1574   Portrait du Chevalier Nuzzi; *Nro.* 7. Id. — 53.

1575   Portrait de Baglioni; *Nro.* 8. Idem. — 64.

1576   Portrait d'un Chevalier de Malte; *Nro.* 9. Idem. — 36.

1577   Portrait d'un homme de moyen âge, *Nro.* 11. Idem. — 63.

1578   Portrait de J. Baglioni, *Nro.* 14. Id. — 43.

1579   Portrait du Guerchin, *Nro.* 18. Idem. — 37

1580   Portrait de Bernini; *Nro.* 19. Idem. — 32.

1581   Portrait du duc de Bracciano, Nro. 20. Idem. — 31.

1582   Le même portrait. Première et tr. belle épr. *avant l'incription: Paulus — Dux, et avant le Nro.* 31.

1583   Portrait de Jos. d'Arpino; *Nro.* 23. Bonne épr. — 27.

1584   Portrait de G. Ciabrera; *Nro.* 24. Id. — 40.

1585   Portrait de J. Ciampoli; *Nro.* 25. Id. — 39.

1586   Portrait de G. Galilaei; *Nro.* 27. Id. — 28.

1587   Portrait de Louis Léoni; *Nro.* 28. Id. — 44.

1588   Portrait de J. B. Marinus. — *Nro.* 30. Idem. — 38.

1589   Portrait de R. Menicuccius. *Nro.* 31. Idem. — 30.

---

*) Ce Nro. et ceux placés à la fin de chacun des articles suivans, correspondent aux Nros. qui se trouvent gravés au haut de la droite de chaque Portrait décrit.

Nro. 1590 Portrait du chevalier Pauli; *Nro.* 32. Idem.
— 34.

1591 Portrait de M. Provenzale; *Nro.* 33. Idem.
— 26.

1592 Portrait de P. Qualiatus; *Nro.* 34. Id. — 25.

1593 Portrait de Chr. Roncalli; *Nro.* 35. Id. — 41.

1594 Portrait du chev. Stilianus, *Nro.* 37. Id. — 42.

1595 Portrait de Tempesta, *Nro.* 38. Id. — 29.

1596 Portrait de Simon Vouet; *Nro.* 39. Id. — 35.

LIPS, HENRI.

1597 Portrait de Louis Hess, peintre de paysages; 8. en H. Tr. belle épr.

LISCHKA.

1598 3 paysages, le grand chêne; la haie entourant le bois et le chêne aux racines découvertes. Eauxfortes in Fol. en L. Belles épreuves.

LOIR, ALEXIS.

1599 La Ste. Vierge et l'enft. Jésus. Fol. en H. Belle épr.

1600 2 p. Autre St. Vierge et une Ste. famille. Idem.

1601 J. Leon. Secousse; d'apr. RIGAUD. 4. en H. Belle épr.

LOLLI, LAURENT.

1602 La Vierge, Jésus et St. Jean, *P. G. Vol. XIX. Nro.* 5. Belle épr.

1603 Ste. famille, *Nro.* 6. Bonne épr.

1604 St. Jérôme; *Nro.* 14. Belle épr.

1605 Andromède; *Nro.* 17. Idem.

1606 L'amour; *Nro.* 18. Idem.

1607 La lutte des amours; *Nro.* 19. Idem.

Nro. 1608 L'amour rompant son arc; *Nro* 23. Idem.
1609 Hercule; *Nro.* 24. Idem.
1610 Le génie de l'Étude; Nro. 30. Idem.

LONDONIO, FRANÇOIS.

1611 6 p. différ. sujets champêtres; Gravures à l'eauforte in 8. et 4. en H.
1612 3 p. ldem. Idem.
1613 Suite de 10 p. Sujets champêtres, dediés au Conte Mellerio. 4. en L. Tr. belles épr.
1614 Autre Suite de 12 p. dediées à Milord d'Exeter. Idem. Idem.
1615 La même suite imprimée sur papier bleu et rehaussée de blanc. Rare.

LONGHI, ALEXANDRE.

1616 L'adoration des mâges; Grav. à l'eauf. in Fol. en H. Belle épr.

LONGHI, JOSEPH.

1617 Buste d'une vieille, dans le goût de Rembrandt. 8. en H. Tr. belle épr.
1618 Buste de vieillard à barbe longue, d'apr. REMBRANDT. 4. en H. Belle épr.
1619 Le génie de la musique, d'apr. LE GUIDE. Tr. belle épr. avant le distique italien: *Il Genio — pinse Guido.*
1620 Le répos en Egypte; d'apr. PROCACCINO. Fol. en H. Belle épr.
1621 La Madelaine au désert; d'apr. LE CORRÈGE, Fol. en L. Idem.

LOOS, FRÉDERIC.

1622 Paysage avec grand arbre placé sur une élévation de la gauche. ARTOIS. Eauforte in Fol. en L. Belle épr.

Nro. 1623 Autre avec bouvier et quatre vaches. IDEM. Idem. Idem.

1624 Autre avec deux hommes à cheval passant un chemin creux. IDEM. ld. Epr. avt. l. l.

LORCH, MELCHIOR.

1625 Le déluge, *P. G. Vol. IX. Nro.* 10. Belle épreuve.

LORENZINI, FRANÇOIS ANTOINE.

1626 La Ste. Vierge apparaissant à St. Philippe Neri. c. MARATTE. Fol. en H. Bonne épr.

1627 2 p. avec des Centaures en différ. occuppations. Grav. à l'eauf. Pet. in Fol. en L. Belles épr.

LORENZINI, JEAN ANTOINE.

1628 St. Joseph assis sur des nues devant Jésus à qui la Ste. Vierge baise la main. *P. G. Vol. XIX. Nro.* 3. Tr. belle épr.

1629 St. Jean préchant au désert; *Nro.* 6. Idem.

1630 Le miracle de St. Antoine de Padoue *Nro.* 7. Séc. Epr.

LOUTHERBOURG, JAC. PHILIP DE.

1631 2 p. La bonne petite soeur et la tranquillité champêtre ; peintes et gravées à l'eauf. par Loutherbourg. Fol. en H. Sup. Epr.

LOUVEMONT, FRANÇ. DE.

1632 La Ste. Trinité entourée d'une gloire d'anges. F. MOLA. Fol. en H. Tr. belle épr.

LOWRY, ROBERT.

1633 L'adoration des Mages; d'apr. CASALI; Man. noire. in Fol. en L Sup. épr.

Nro. 1634 2 p. La duchesse de Hamilton, et une autre Dame; d'apr. READ et RAYNOLDS. Fol. en H. Belles épr.

LOWRY, WILSON.

1635 Solitude; grand paysage en L. d'après G. POUSSIN. Tr. belle épr.

LUTI, PHILIPPE.

1636 2 p. St. Lazare et St. Nicolas; Grav. à l'eauf. 4 en H. Belles épr.

LUTMA, JEAN.

1637 4 p. Paysages et vûes pittoresques. Grav. à l'eauf. d'apr. J. BOTH. 8. en H. Bell. épr.

MÄNNL, JACQUES.

1638 6 p. d'aprés des tableaux du Belvedère de Vienne; Fol. en L. Man. noire. Belles épreuves.

1639 3 p. Idem. Id. Id. Id.

MAILLARD, LOUIS.

1640 Élie et la Veuve; d'apr. PRETTI GENOV. Fol. en H. Epr. avt. la dédicace.

MAJOR, THOMAS.

1641 Port de mer, d'apr. CL. LORRAIN. Fol. en L. Belle épr.

MANNSFELD, J. G.

1642 La Vierge della Sedia, d'apr. RAPHAEL. 8. en H. au pointillé. Tr. belle épr.

1643 La Vierge et l'enfant débout sur les nûes; d'apr. LE MÊME. Id. Id. Id.

1644 Portrait du peintre Ant. Petter, d'apr. PETTER. 8. en H. Belle épr.

Nro. 1645 3 p. Portraits divers.

1646 Buste de Jésus Christ dans un rond ; d'apr. ANN. CARRACHE. 4. en H. Belle épr.

1647 Suite de 12 p. Études de têtes d'animaux d'apr. QUADAL, HAMILTON, NORTCOTHE et LONDONIO. 8. et 4. en L. Tr. belles épr.

MANTEGNA, ANDRÉ.

1648 Bacchanale à la Cuve ; *P. G. Vol. XIII. Nro.* 19. Epr. foible.

1649 Bacchanale au Silène ; *Nro.* 20. Bonne épr.

MARACCI, HYPOLITE.

1650 Le Concert ; *P. G. Vol. XXI. Nro.* 1. Belle épr. Endommagée.

MARATTE, CHARLES.

1651 La nativité de la Vierge, *P. G. Vol. XXI. Nro.* 1. Bonne épr.

1652 L'annonciation ; *Nro.* 2. Belle épr.

1653 La visitation ; *Nro.* 3. Bonne épr.

1654 Jésus adoré ; *Nro.* 4. Belle épr.

1655 L'adoration des mages, *Nro.* 5. Bonne épr.

1656 La Ste. Vierge et la Madelaine ; *Nro.* 6. Belle épr.

1657 L'assomption de la Vierge ; *Nro.* 8. Contre-Epr.

1658 La Vierge et St. Jean ; *Nro.* 9. Belle épr.

1659 Le mariage de St. Catherine ; *Nro.* 10. Id.

1660 Le martyre de St. André ; *Nro.* 11. Idem.

1661 St. Charles Borromée ; *Nro.* 12. Idem.

1662 Héliodore chassé du temple ; *Nro.* 13. Gr. morceau composé de deux feuilles collées ensemble.

1663 La Ste. Vierge et St. Luc ; attrib. à Maratte. Page 96. Nro. 3.

MARCENEY, DE GHUY, ANTOINE DE.

Nro. 1664 Victor Marquis de Mirabeau, d'apr. AVED.
8. en H. Belle épr.

1665 Commencement d'orage; paysage d'après
REMBRANDT. 4. en L. Belle épr.

MARIESCHI, M.

1666 Une Vûe de Venise. Fol. en L. Belle épr.

MARINUS, IGNACE.

1667 L'adoration des bergers, d'apr. JORDAENS.
Nro. 3. Tr. belle épr.

1668 Le martyre de Ste. Appolline, d'apr. LE MÊME;
Nro. 13. Belle épr.

MARK, QUIRIN.

1669 Cléopatre et Auguste; d'apr. POMPÉE BATTO-
NI. Fol. en L. Tr. belle épr.

1670 La même p. avt. l. l. et les armes.

1671 2 p. Venus et Alexandre, Bonnes épr.

MARTIN, F.

1672 La Ste. Vierge et l'enfant apparaissant à S.
Dominique qui distribue des rosaires. M. A.
DE CARAVAGE. Fol. en H. Belle épr. un peu
endommagée.

MARTINI, PIERRE ANTOINE.

1673 2 p. La Ste. famille, d'apr. REMBRANDT et le
Ménage hollandais, d'apr. OSTADE. 4. en H.
Belles épr.

MARTSS, JEAN, LE JEUNE.

1674 Vûe d'un camp. *P. G. Vol. IV. Nro.* 1.
Epr. avec l'adresse de *R. et J. Ottens.*

*

MASON, JAMES.

Nro. 1675 Paysage avec pêcheurs tirant les filets ; d'après LAURI. Fol. en L. Belle épr.

1676 Paysage avec troupeau ; de la collection de Mr. H. Hoare ; d'apr. CL. LORRAIN. Id. Id.

1677 Paysage avec Danse de bergers ; d'apr. LE MÊME. Idem. Idem.

1678 2 p. Paysages avec ruines antiques ; d'apr. LE MÊME. Petit in Fol. en L. Tres belles épreuves.

1679 Vûe du Po en Italie ; d'apr. LE MÊME. Idem. Idem.

MASQUELIER, LOUIS JOS.

1680 Vûe des environs de Mortagne ; d'apr. LE PRINCE. Fol. en L. Belle épr.

MASSON, ANTOINE.

1681 Jérôme Bignon ; Fol. en H. Tr. belle épr.

1682 Pierre Dupuis, d'apr. MIGNARD. Belle épr.

1683 Guillaume de Brisacier, d'apr. LE MÊME. Id.

1684 Louis XIV. d'apr. LEBRUN. Idem.

1685 Forbin de Janson. Idem.

1686 La Ste. Famille ; d'apr. MIGNARD. Fol. en L. Bonne épr.

MATHAM, JACQUES.

1687 3 p. Jésus Christ ; Moise ; Aron. *P. G. Vol. III. Nro.* 82. 85. et 171. Bonnes Epreuves.

1688 Pan dompté par l'amour ; *Nro* 91. Belle épr.

1689 Les planêtes, suite de 7 p. *Nro.* 149—155. Epr. avec l'adr. de Janssonius.

1690 Andromède ; *Nro.* 162. Epr. avec l'adr. de Visscher.

Nro. 1691 Le Christ au jardin des olives; *Nro.* 187.
Belle épr.

1692 Jésus Christ resuscitant un mort, d'apr. ZUC-
CARO. Fol. en H. Tr. belle épr.

MATHAM, THÉODOR.

1693 Portrait de Henr. Regius, d'apr. BLOEMART.
4. en H. Tr. belle épr.

1694 Leon. Mar. Goezanus, d'apr. MOYAERT. Fol.
en H. Belle épr.

MATSYS, CORNEILLE.

1695 La peste. *P. G. Vol. IX. Nro.* 48. Belle
épr. découpée d'un pouce du coté droit.

MATTHIEU, JEAN.

1696 La place de l'Hippodrôme à Constantinople,
d'apr. HILAIRE. Fol. en L. Epr. avt. l. l.

1697 2 p. Porte près d'Anvers et un autre paysage. 4. en L. Epr. avt. l. l.

MATTIOLI, LOUIS.

1698 La Vierge et l'enfant Jésus *P. G. Vol. XIX
Nro.* 11. Bonne épr.

1699 Paysage. Vers la droite un ancien édifice
en ruines, près duquel passe un homme,
se dirigeant vers le fond. Au milieu du devant deux arbres peu feuillûs. Dans le fond
de la gauche une montagne élévée au pied
de laquelle des fabriques. À une pierre sur
le devant de la droite: *Fran. Bosis Inv.
L. M. F.* (Ce morceau, *dont le Peintre Graveur ne fait pas mention,* parait être le pendant du paysage qui y est décrit sous le Nro.
91. et dont il a aussi la dimension.)

MAULPERTSCH, ANT.

Nro. 1700 4 p. Le baptême; la Communion; L'indulgence; et le Charlatan. Grav. à l'eauf. in Fol. Belles épr.

MAUPERCHÉ, H.

1701 3 p. Paysages avec compositions historiques. Eauxfortes in 4. en tr. Belles épr. dont une avec taches d'huiles.

MAZZUOLI, FRANÇOIS DIT LE PARMESAN.

1702 Judith; *P. G. Vol. XVI. Nro.* 1. Bonne épr.

1703 La nativité; *Nro.* 3. Idem.

1704 La sépulture de J. Chr. *Nro.* 5. Prem. épr.

1705 La résurrection; *Nro.* 6. Epr. endommagée.

1706 2 p. attribuées au Parmésan.

MECHAU, JACQUES.

1707 Suite de 6 p. Vûes de campagnes d'Italie. Grav. à l'eauf. in 8. en L. Belles épr.

1708 4 paysages; Papigno vicino à Terni; Ponte-Mollo; Fontana Egeriae; Porta di Fallari. Fol. en L. Belles épr.

1709 6 autres p. Porta di S. Paolo et di Giovani; Ponte salaro; Avanzi dell'aqua Marzia; Ponte Cellio et Fontana Blandusia. Id. Id.

1710 4 autres p. Ponte lupo et Cascatella di Tivoli; Castel-Gandolfo et Papigno vicino à Terni; Id. Fol. en H. Id.

MELLAN, CLAUDE.

1711 4 p. La Ste. Vierge; St. François; St. Bruno et St. Bernard. Fol. en L. et en H. Bonnes épreuves.

MELONI, FRANÇOIS ANTOINE.

Nro. 1712 St. Charles Borromée prosterné au pied de la croix. *P. G. Vol. XIX. Nro.* 4. Belle épr.

1713 Venus et l'Amour; *Nro.* 11. Prem. épr. *avt. toute inscription.*

1714 La fileuse, *Nro.* 12. Bonne épr.

1715 Le sommeil; *Nro.* 13. *Epr. avant l'adr. de Guidotti.*

1716 Les petites filles; *Nro.* 14. *Idem.*

1717 Mercure et l'Amour, *Nro.* 15. *Idem.*

1718 Pan; *Nro.* 16. *Idem.*

MENAROLA, CHRETIEN.

1719 La descente du St. Esprit; Gravure à l'eauf. d'apr. LE BASSAN. Fol. en H. Belle épr.

MERCATI, JEAN BAPTISTE.

1720 Le mariage de Ste. Catherine; *P. G. Vol. XX. Nro.* 3. Tr. belle épr.

1721 St. Antoine de Padoue; *Nro.* 6. Belle épr.

1722 La même p. Tr. belle épr. avec l'inscription, gravée sur une planche particulière.

1723 3 p. de la Suite des vûes de Rôme, *Nro.* 12—63. Epr. avt. les Nros.

MERCOLI, P.

1724 La bataille de Lodi. B. D'ALBE. Fol. en L. Bonne épr.

MERZ, JACQUES.

1725 Portrait du Médecin Spoeck; Grav. à l'eauf. in 4. en Ov. Tr. belle épr.

1726 Portrait de Canova, 4. en H. Epr. avt. l. l.

1727 Le monument de Joseph II. d'apr. ZAUNER. 4. en L. Belle épr.

Nro. 1728 Le monument de l'archiduchesse Christine, CANOVA. Fol. en H. Idem.

MEYER, FÉLIX.

1729 7 paysages, Vûes et Sites [agrestes; Gravures à l'eauf. in 12. en quarré. Belles épr.

1730 6 autres; in 8. en tr. Idém.

1731 4 autres, in 4. en tr. Idem.

MEYERINGH, ALBERT.

1732 L'anier; *P. G. Vol. V. Nro.* 4. Belle épr.

1733 Le pont *Nro.* 12. Tr. belle épr.

1734 La chûte d'eau; *Nro.* 13. Idem.

1735 La bourrasque; *Nro.* 15. Idem.

1736 Le coup de fusil; *Nro.* 16. Idem.

1737 La statue tronquée; *Nro.* 17. Bonne èpr.

1738 La pêche aux écrivisses, *Nro.* 20. Très belle épreuve.

1739 Le berger; *Nro.* 22. Idem.

MICHEL, JEAN BABTISTE.

1740 Joconda, L. DA VINCI. 4 en H. Belle épr.

1741 Moyse frappant le Rocher, d'apr. N. POUSSIN. Fol. en L. Belle épr.

MIDDIMAN, SAMUEL.

1742 L'amusement des bergers; grand paysage en L. BERGHEM. Tr. belle épr.

1743 Grand paysage, avec homme réposant dans un bois sur les bords d'un ruisseau; d'après HODGES. Première et sup. épr. avec le titre S h a k s p e a r e tracé à la pointe.

MIELE, JEAN.

1744 Le joueur de cornemuse; *P. G. Vol. I. Nro.* 1. Très belle épr.

Nro. 1745 L'épouilleuse; *Nro.* 2. Idem.

1746 L'épine rétiré du pied; *Nro.* 3. Idem.

MIGNARD, NICOLAS.

1747 Hercule entre le vice et la vertu. **P.** à l'eauforte d'apr. ANN. CARRACHE. — Deux épr. la premiere avec l'adr. de Ciartres; la seconde avec celle de Mariette.

1748 2 p. Circé et la Méduse. **P.** à l'eauforte cintrées en haut; d'apr. LE MÊME. Prem. épreuves.

MILET, JEAN FRANÇOIS, *dit* FRANÇISQUE.

1749 2 p. La double cascade *P. G. Vol. V. Nro.* 2. Epr. foible et la jeune femme *Nro.* 3. Belle épr.

1750 4 p. Le paysage au lapin, *Nro.* 8. — Les filles de Cecrops. *Nro.* 10. — La petite famille, *Nro.* 11. — Le troupeau *Nro.* 13. — Prem. épreuves.

1751 2 p. Les deux. hommes. *Nro.* 14. — Céphale et Procris *Nro.* 16. *Epr. avec l'adr. de Crepy.*

1752 Céphale et Procris; *Nro.* 16. morceau repeté. Prem. Epr. avt. l'adr. de Crepy.

1753 3 p. Le pet. Moise, *Nro.* 19. Epr. où le nom de Simon est effacé. — La fuite en Egypte. *Nro.* 20. Prem. épr. — Jésus Chr. et la Cananéenne. *Nro.* 22. Prem. Epr.

MITELLI, JOSEPHE MARIE.

1754 La nativité, dite *la Nuit* du CORRÈGE. *P. G. Vol. XIX. Nro.* 4. Belle épr.

1755 La Madelaine arrosant les pieds du Christ. *Nro.* 10. Belle épr.

Nro. 1756 2 p. Le Christ et la Ste. Vierge. *Nro.* 14. et 17. Belles épr.

1757 2 p. Ste. Erasme et Ste. Hélène. *Nro.* 25. et 27. Id.

1758 La Ste. Vierge soutenant la voûte de l'eglise à Vellicelle. *Nro.* 30. Idem.

1759 2 p. St. Sébastien, *Nro.* 31. et 32. Idem.

MOESMER, JOSEPH.

1760 2 paysages avec troupeaux, d'apr. MOLITOR. *Nro.* 1. et 2. *page 58. du Catalogue de l'oeuvre de Molitor, par Adam de Bartsch.* Belles épr.

1761 2 autres, d'apr. LE MÊME. *Nro.* 3. et 4. Id.

1762 6 paysages; in 12. en L. Belles épr.

1763 5 autres; Idem. Idem.

1764 4 autres; 8. en L. Idem.

1765 6 autres dont plusieurs d'apr. MOLITOR. Idem. Idem.

1766 3 autres, avec cascades; d'apr. MOLITOR. 4. en H. Idem.

1767 2 autres, avec ruine et écurie; d'apr. LE MÊME. 4. en L. Idem.

1768 2 autres avec Ermitages; d'apr. LE MÊME. Idem. Idem.

1769 2 autres, avec troupeau et intérieur de Forêt; d'apr. LE MÊME. Idem. Idem.

1770 Paysage, les quatres vaches sous le grand arbre; d'apr. LE MÊME. Fol. en L. Prem. épr.

1771 Autre, le Cavalier au bois; d'apr. LE MÊME. Idem. Idem.

1772 Autre, l'homme dans la barque, d'apr. LE MÊME. Idem. Idem.

Nro. 1773 Autre, le temple en ruines; d'apr. ELSHEI-
MER. Idem. Idem.

1774 Ecole de dessin pour le paysage; cinq cahiers contenant 23 feuilles lithographiées.
In Fol. en H. et L. Belles épr.

MOLA, PIERRE FRANÇOIS.

1775 Joseph et ses frères, *P. G. Vol. XIX. Nro.*
1. Très belle èpr. La marge du bas coupée.

1776 Jésus Christ et la Samaritaine: *Nro.* 2. Sé-
conde épreuve.

1777 La Ste. Vierge, *Nro.* 3. — Répos sur la fuite en
Egypte; *Zani, P. II. Vol. VI. p.* 9. *Nro.*
VII. — Belles épr. — Deux Est.

1778 Répos sur la fuite en Egypte; *Nro.* 4. Belle
épreuve.

1779 La même p. Tr. belle épr.

MOLITOR, MARTIN DE.

1780 3 p. Les deux arbres, l'ancienne porte, le
saule; *Nro.* 2—4. *du Catal. de l'oeuvre de
Molitor, par Adam de Bartsch.* Belles èpr.

1781 2 p. La femme et le garçon: Étude d'arbre;
Nro. 5. et 6. Idem.

1782 4 p. La chaumière cachée; les deux chaumières; le sceau; le rocher; *Nro* 8—11. Id.

1783 5 p. L'homme et la femme; l'homme sur l'escalier; l'abre sec; la mère; la porte voûtée;
Nro. 12—16. Idem.

1784 4 p. La paysanne; les trois rochers; la tour;
la rivière; *Nro.* 17. 18. 20. 21. Idem.

1785 2 p. La vache; la chaumière: *Nro.* 22. et
23. Idem.

Nro. 1786 4 p. Les quatre arbres; la chaumière; le jeune batelier; la chaumière isolée; *Nro.* 24—27. Idem.

1787 2 p. Le hameau; le moulin; *Nro.* 28. et 29. Idem.

1788 5 p. Le chemin; l'hermitage; les troncs d'arbres; les trois vaches; le rocher percé; *Nro.* 30—34. Idem.

1789 3 p. La vache; les quatre arbres; le Frontispice; *Nro.* 35—37. Idem.

1790 3 p. la vache; la riviére; les rochers; *Nro.* 38—40. Idem.

1791 2 p. Le troupeau; les ruines; *Nro.* 41. et 42. Idem.

1792 2 p. Les moulins à scier, *Nro.* 43. et 44. Idem.

1793 2 p. Le voyageur; les hermites; *Nro.* 45. et 46. Idem.

1794 2 p. Les ruines; la famille; *Nro.* 47. 48. Idem.

1795 2 p. La bergère; la cascade; *Nro.* 49. 50. Idem.

1796 2 p. Le tronc d'arbre; le troupeau; *Nro.* 51. 52. Idem.

1797 3 p. doublettes; *Nro.* 24. 25. et 37. Idem.

MOLYN, PIERRE.

1798 La femme au pannier; *P. G. Vol. IV. Nro.* 2. Belle épr.

MONTAGU.

1799 5 p. sur trois feuilles. Vûes de monuments antiques. Fol. en H. et en L.

MONTAIGNE, MATTHIEU.

Nro. 1800 3 p. en rond avec marine, Combat naval
et paysage boisé, 8. en L. — Gr. à l'eauf.
Belles épr.

MONTCORNET, BALTHAZAR.

1801 Louis XIII. Roi de France; buste dans un
ovale. En bas la vûe de Rochelle. Fol. en
H. Bonne épr.

MOREL, ALEXANDRE.

1802 Bélisaire; d'apr. DAVID. Gr. in Fol. en L.
Très belle épr.

1803 La même p. Sup. épr. avant l. l.

1804 Le serment des horaces; d'apr. LE MÊME.
Fol. en L. Sup. épr.

MOREL, FRANÇOIS.

1805 3 p. Vûes des environs de Rôme, d'après
HACHERT. Fol. en L. Belles épr.

1806 2 p. Vûes du tombeau de Teron et du temple de Junon; Id. Id. Id.

MORGHEN, GUILLAUME.

1807 Ste. Cécile; d'apr. LE GUIDE. Fol. en H.
Belle épr.

1808 La Comtesse de Skawronsky; d'apr. MAD.
LE BRUN. Fol. en H. Belle épr.

MORGHEN, RAPHAEL.

1809 Portrait de l'archiduc Ferdinand. 4. en H.
Belle épr.

1810 Portrait d'Alfieri d'Asti, d'apr. FABRE. Idem.
Idem.

1811 Portrait d'un Ecclésiastique; Epr. avt. toute lettre.

Nro. 1812 Portrait d'une Dame assise dans un parc et tenant un livre de la main gauche ; 8. en H. Epr. avt. l. l.

1813 Portrait d'homme, d'apr. BRORZINO. 8. en Ov. Epr. avt. l. l.

1814 Ste. Madeleine, d'apr. LE GUIDE. 8. en H. Belle épr.

1815 Madonna col bambino, d'apr. LOUIS CARRACHE. 8. en H. Tr. belle épr.

1816 Loth et ses filles ; d'apr. LE GUERCHIN. Fol. en L. Sup. épr.

1817 Angélique et Médore ; d'apr. MATTEINI. Fol. en Ov. Belle épr.

1818 St. Jean Bapt. d'apr. LE GUIDE. Fol. en H. Id.

1819 Thésée et le Minotaure ; d'apr. CANOVA. Idem. Idem.

1820 2 p. La peinture et la poesie ; d'apr. HAMILTON. Idem. Idem.

1821 La Madonna del Sacco ; d'apr. DEL SARTO. Fol. en L. Idem.

1822 La Ste. famille à l'écuelle ; d'apr. N. POUSSIN. Fol. en L. Belle épr.

1823 La même p. Idem.

1824 La Ste. Vierge dite *della Sedia* ; d'apr. RAPHAEL. Fol. en H. Tr. belle épr.

1825 Portrait de Fr. de Moncada, d'apr. VANDYCH. Idem. Idem.

1826 Buste de Canova ; 4. en H. Idem.

1827 Portrait de la *Fornarina*. d'apr. RAPHAEL. Fol. en H. Idem.

1828 La Madonna col bambino, d'apr. A. DEL SARTO. (de M. le Comte de Fries) Idem. Idem.

1829 La même p. Epr. avt. l. l.

Nro. 1830 Apollon au parnasse; d'apr. MENGS. Fol. en L. Prem. épr. avt. toutes lettres.

1831 Diane à la chasse; d'apres. LE DOMINIQUIN. Fol. en L. Belle épr.

1832 Le tems faisant danser les saisons; d'apr. N. POUSSIN. Idem. Idem.

1833 L'Aurore, d'apr. LE GUIDE; Tr. gr. in Fol. en L. Tr. belle épr.

1834 La Cène, d'apr. L. da Vinci. Tr. Gr. in Fol. en L. Sup. épr. avt. la virgule.

MORIN, JEAN.

1835 La Ste. Vierge tenant l'enfant Jésus dans ses bras. CHAMPAIGNE. Pet. in Fol. en H. Bonne épr.

1836 Le même sujet. Idem. Belle épr.

Portraits, *pet. in Fol. en H.*

1837 Anne d'Autriche, Royne-Régente de France. PH. CHAMPIGNE PINX. Belle épr.

1838 Duverger d'Avranne. CHAMPAIGNE. Epr. avec la bordure marbrée.

1839 Grimberghe, Honorine de; VANDYCK. Morceau sans le nom du personnage. Bonne épr.

1840 Janssenius, Corn. Bonne épr.

1841 Louis XIII. Roi de France. CHAMPAGNE. Belle épreuve.

1842 Marillac, M. de; Idem. Idem.

1843 Philippes II. Roy des Espagnes. LE TITIEN. Bonne épr.

1844 Sales; François de, Evesque et Prince de Génève. Bonne épr.

1845 Talon, Omer (*Audomarus Talaeus*) CHAMPAIGNE. Belle épr.

Nro. 1846 Villemontée, F. de, Chev. Seign. de Montaiguillon etc. Id. Id.

1847 Vitré, Antoine Id. Id. Tr. belle épr.

1848 2 portraits d'Ecclésiastiques, sans noms.

1849 4 paysages, in Fol. en H. Le cavalier, le porte - balle, paysan et paysanne en marche et le chariot. FOUCQUIER. Belles épr.

1850 4 autres paysages, en Largeur. Idem. Idem.

MORO, BAPTISTE DEL.

1851 Le tombeau d'un évéque; *P. G. Vol. XX. Nro. 13.* Bonne épreuve.

1852 La même p. Belle épr. (manque la partie inférieure.)

1853 Le corps mort de Jésus Christ, placé sur un morceau de roc et soutenû par deux anges, derrière lesquels est débout la mère du Sauveur. Au milieu du bas, un peu vers la droite et sous la couronne d'épines: *Batta cognominato del Moro.* H. 12. p. 3 l. — L. 8. p. 3. *P. non décrite au Pre. Graveur.*

1854 Six anges et St. François aident Jésus Christ à descendre de la Croix. P. cintrée en haut et portant dans la marge du bas les mots: *Quos — Redemit.* Elle est sans marque. H. 14. p. 2. l. L. 7. p. 9. l. (?) *P. non décrite au Pre. Graveur.*

MOSYN, MICHEL.

1855 Jeux d'enfants, Suite de 6 p. d'apr. HOLSTEIN. 4. en L. Belles épr.

MOUCHERON, ISAC DE.

Nro. 1856 3 paysages avec p. d'architecture; J. DE MOU-
CHERON *inv. pinx. et fecit.* Belles épr.

MULINARI, ETIENNE.

1857 6 p. Paysages et Etudes. LE GUERCHIN. diff.
formats.

MÜLLER, F.

1858 2 paysages : La danse des singes, et les musiciens ambulans; Gravures à l'eauf. in 4.
en H. Tr. belles épr.

MÜLLER, FRÉDÉRIC.

1859 Portrait de Hufeland; d'apr. TISCHBEIN. Tr.
belle épr.

1860 St. Jean Évangéliste : d'apr. LE DOMINIQUIN.
Anc. épr. de première beauté.

MÜLLER, JEAN GOTTHARD.

1861 A. G. Spangenberg, d'apr. GRAFF. 4. en H.
Belle épr.

1862 Fr. Schiller, d'apr. LE MÊME. Id. Id.

1863 Portrait du Comte Stollberg; d'apr. RINK-
LAKE. Sup. épr.

1864 La tendre mère (Portr. de Mad. Muller.)
d'apr. TISCHBEIN. Idem.

1865 Loth et ses filles, d'apr. HONTHORST. Sup.
épr. avec l'adr. de l'Auteur.

1866 La bataille de Bunkershill. TRUMBULL. Gr.
in Fol. en L. Belle épr.

NAHL, A.

1867 2 p. Jupiter et Ganymède; — Bacchante endormie. Grav. à l'eauf. in 4. Belles épr.

NAIWINCX, HENRI.

Nro. 1868 5 p. Le rocher; la rivière; la cascade; le pont et le chemin; *P. G. Vol. IV. Nro.* 2. 3. 4. 6. et 7. Belles épr.

NANTEUIL, ROBERT.

1869 Les quatre évangélistes, d'apr. LESUEUR. 8. en H. P. rare Belle épr.

Portraits.

1870 Mess. George de Scudery; 4. en H. Belle épreuve.

1871 Mr. de Perefixe, Evêque de Rhodés, gravé dans la manière de Cl. Mellan. Fol. en H. Belle épreuve.

1872 Louise, Reine de Pologne; d'apr. JUSTE. 4. en H. Idem.

1873 Guido Chamillard; Fol. en H. Tr. belle épr.

1874 Franç. de Vandosme Duc de Beaufort; d'apr. NOCROIT. Idem. Belle épr.

1875 Claude Thevenin; Idem. Idem.

1876 Paul Poncet, Idem. Idem.

1877 François Mothaeus; en H. Idem.

1878 Pierre Bouchû, Idem. Idem.

1879 Pierre Jeannin; Idem. Idem.

1880 François Lotin de Charny, Idem. Idem.

1881 Hardouin de Perefixe, Archévèque de Paris. Idem. Idem.

1882 Michel le Masle; Idem. Idem.

1883 Jean Bapt. Colbert, d'apr. CHAMPAIGNE. Id. Superbe épr.

1884 3 p. Pierre de Maridat. — Michel de Marolles et P. Puteanus; 8. en H. Belles épr.

1885 2 Portraits, sans noms.

1886 5 autres Idem.

Nro. 1887 2 autres, Idem.

1888 2 autres, Idem.

1889 2 autres, Idem.

1890 Jean Chapelain; 4. en H. Belle épr.

1891 2 p. Louis XIV. et Marie Thérèse, Roi et Reine de France; ce dernier portrait par N. de Poilly. Grand in Fol. dans des Ovales. Epr. endomm.

NATALIS, MICHEL.

1892 La Ste. famille au bassin; d'apr. BOURDON. Fol. en L. Belles épr. sans l'adr. de Mariette et sans les armes.

1893 La même p. Prem. épr. avec l'adr. de Mariette et avec les armes.

NEEFS, JACQUES.

1894 Le Satyre chez le paysan, d'apr. JORDAENS. *Nro.* 26. Epr. avt. l'adr.

1895 Le berger amoureux, d'apr. LE MÊME. *Nro.* 29. Belle épr.

1896 Portrait du père Jean Tollenario, d'après. FRUITIERS. 4. en H. Belle épr.

NEVE, FRANÇOIS DE.

1897 2 paysages; Diane et la bergère; *P. G. Vol. IV. Nro.* 1. *et* 12. Bonnes épr.

1898 Narcisse; *Nro.* 14. Bonne épr.

NIEULANDT, GUILLAUME VAN.

1899 4 p. Paysages d'apr. P. BRIL. 4. en L. Belles épr.

NOLIN, JEAN.

1900 L'adoration des bergers, d'apr. LE POUSSIN. Fol. en L. Tr. belle épr.

NOORDT, J. VAN.

Nro. 1901 Paysage avec troupeau à coté d'un tronc d'Arbre; *P. G. Vol. I. p.* 16. P. rare et très belle épr.

NOTHNAGEL, JEAN BENJAMIN.

1902 Oriental assis à coté d'une table. 4. en H. Belle épr.

NYPOÓRT, JUSTE VAN DER.

1903 4 p. La marchande de fruits; le gagne-petit; le fumeur débout derrière la chaise; le fumeur assis. Gravures à l'eauf. in 8. en trav. Belles épr.

1904 L'arracheur des dents; Idem. in 4. en tr. Tr. belle épr.

OKEY, SAMUEL.

1905 Miss Nelley Brien; d'apr. REYNOLDS. Fol. en H. Man. noire. Belle épr.

ONOFRI, CRESCENCE.

1906 Battus changé en pierre; *P. G. Vol. XX. Nro.* 9. Belle épr.

1907 Appollon et la nymphe; *Nro.* 10. Idem.

1908 Mercure et l'homme, *Nro.* 12. Idem.

OSS, P. G. VAN.

1909 Suite de 6 paysages avec vaches et boeufs en différ. attitudes. 1798. 8. en L. Belles épreuves.

OSSENBECK, J. VAN.

1910 2 p. Paysage *P. G. Vol. V. Nro.* 2. et Campagne avec ânes *Nro.* 4. Belles épr.

Nro. 1911   2 p. Les chêvres; *Nro.* 6. et Paysage *Nro.* 10. Idem.

1912   Le chat accroupi; *Nro.* 12. Idem.

1913   La fontaine du triton; *Nro.* 26. Bonne épr.

1914   La maison de plaisance; *Nro.* 27. Idem.

1915   Les masses de rochers; *Nro.* 28. Belle épr.

1916   La rivière; *Nro.* 29. Idem.

1917   La chasse au Sanglier; *Nro.* 31. Idem.

1918   La même p. Meilleure épr.

1919   Céphale et Procris; *Nro.* 48. Belle épr.

1920   Les Israélites cueillant la manne; *Nro.* 49. Idem.

1921   Fuite en Égypte; *Nro.* 51. Idem.

1922   Le martyre de St. Sébastien; *Nro.* 52. Id.

1923   Orphée; *Nro.* 57. Idem.

OSTADE, ADRIEN VAN.

1924   2 p. Paysan joyeux. *P. G. Vol. I.* [*Nro.* 4. Fumeur *Nro.* 5. — Secondes épr.

1925   2 p. L'observateur, *Nro.* 9. et la bonne Maman, *Nro.* 14. Bonnes épr.

1926   La poupée demandée; *Nro.* 16. Belle épr.

1927   2 p. homme débout, *Nro.* 22. Sec. épr. — La dévideuse, *Nro.* 25. Bonnes épr.

1928   Le marchand de lunettes; *Nrc.* 29. 4ᵉ et bonne épr.

1929   Le concert, *Nro.* 30. 3ᵉ et bonne épr.

1930   Fileuse au fuseau, *Nro.* 31. Bonne épr.

1931   Les fumeurs; *Nro.* 13. et les joueurs au trictrac; *Nro.* 39. Belles épr.

1932   Le cochon tué, *Nro.* 41. 3ème et bonne Epr.

1933   La famille; *Nro.* 46. Bonne épr.

Nro. 1934 La fête de village; *Nro.* 47. Sec. épr. Belle.

1935 La guinguette; *Nro.* 48. Epr. moderne.

OTTAVIANI, JEAN.

1936 13 p. Loges du Vatican. RAPHAEL. Differ. form. Quelques p. en sont endommagées.

OTTINI; PASQ.

1937 La sépulture; *P. G. Vol. XVII. Nro.* 1. Deux épreuves. À l'une la marge coupée.

OUDRY et PEGNA.

1938 3 p. dont 2 paysages par PEGNA et une chasse au chevreuil par OUDRY. Fol. en H. Belles épr.

OZANNE, LES DEMOISELLES.

1939 11 p. Marines et Embarquements. Grav. à l'eauf. in 8. in L. Belles épr..

PACCINI.

1940 9 p. div. Sujets au Lavis, par Paccini, Mulinari, Watts etc.

PALKO, CHARLES.

1941 La Ste. Vierge et la Samaritaine au puits; Cette dernière en double. 3 Estampes à l'eauforte.

1942 2 p. de l'histoire d'Adam. Grav. à l'eauf. 4. en H. Belles épr.

PALMA, JACQUES.

1943 10 p. differ. sujets, *P. G. Vol XVI. Nro.* 11. 13. 16. 17. 18. 20. 21. 23. 26 et 27. Belles épr.

PALMIERI, PIETRO.

1944 21 p. avec marches, combats, études de Chevaux etc. Gravures à l'eauf. in 8. en L. Bonnes épr.

PARBONI, PIERRE.

Nro. 1945 2 p. Grands paysages. d'apr. NIC. et GASP.
POUSSIN. Fol. en L. Tr. belles épr.

1946 2 autres, d'apr. N. POUSSIN. Id. Id.

1947 2 autres, d'apr. CL. LORRAIN. Id. Id.

PARCELLIS, JEAN.

1948 6 p. Paysans en différ. attitudes; Gravures
à l'eauf. in 12. en L. Belles épr.

PASQUALINI, JEAN BAPTISTE.

1949 3 p. La mort de St. Cécile; La Ste. Madeleine et une autre p. Bonnes épr.

1950 5 p. Portrait et sujets de l'histoire sainte.
Belles épr.

PASQUiER, JACQUES-JEAN.

1951 11 p. Etudes d'hommes; d'après Nature. Gravures à l'eauf. in Fol. en L. Belles épr.

PASS, CRISPIN DE.

1952 8 p. La piété, l'envie et autres vertus et vices. 12. en L. Belles épr.

1953 9 p. Le jardin d'Amour. 8. en L. Bonnes
épreuves.

1954 12 p. Les douze Césars. STRADANUS. 8. en
H. Belles épr.

1955 10 p. Le triomphe des martyrs, d'apr. M.
DE VOS. 4. en H. Idem.

1956 2 p. L'ange Gabriel et la Ste. Vierge, d'apr.
GUELDORP GORZIUS. Fol. en H. Idem.

PASSARI, BERNARDIN.

1957 La Ste. famille; *P. G. Vol. XVII. Nro.* 70.
Tr. belle épr.

Nro. 1958 La mort de Saint Paul ; *Nro.* 75. Bonne épreuve.

PASSAROTTI, BARTHÉLEMI.

1959 La visitation *P. G. Vol. XVIII, Nro.* 2. Morceau toujours foible d'épr.

PAZZI, ANT.

1960 N. Marchèse Corsini; d'apr. RIGAUD. Fol. en H. Belle épr.

1961 La même portrait; Epr. avt. l. l.

PEAK, JAMES.

1962 Grand Paysage : Mercure et Battus; d'apr. CL. LORRAIN. Fol. en L. Sup. épr.

PECHWILL, CHARLES DE.

1963 La Madelaine du BATTONI et la vieillesse amoureuse d'apr. TORNVLIET. Belles épr. Deux Est.

PEDRO, FRANÇESCO DEL.

1964 Vulcain et les cyclopes; d'apr. LE TINTORETTE. Fol. en L. Belle épr.

1965 4 p. Paysages avec ruines des environs de Rôme, d'apr. DIETRICH. Fol. en L. Belles épreuves.

PEETERS, BONAVENTURA.

1966 Vûe d'une large rivière sur laquelle trois batimens à voile. Vers la droite une montagne élévée couronnée d'un fort. Dans le coin gauche d'en bas au dessous d'un cavalier et de deux piétons, les lettres : *B. P.* Gravure à l'eauf. L. 4. p. 5. l. H. 3 p. 3 l. Trés belle épr.

PEHAM, GEORGE.

Nro. 1967 St. Michel térrassant le démon. Eauforte. 4. en H. Belle épr.

1968 Neptune sur son char, attelé de quatre chevaux-marins. Eauforte marquée en bas de la droite: *Georg Peham* 1594. Idem. Idem.

PEIROLERI. PIERRE.

1969 2 p. La Ste. Famille et Cimon en prison. Fol. en H. Belles épr.

PENCZ, GEORGE.

1970 3 p. du vieux testament; *P. G. Vol. VIII. Nro.* 9. 16. et 17. Bonnes épr.

1971 2 p. Le bon samaritain; St. Paul; *Nro.* 68. et 69. Idem.

1972 3 p. de la fable; *Nro.* 70—72. Belles épr.

1973 4 p. *Nro.* 76. 77. 79. et 81. Bonnes épr.

1974 2 p. *Nro.* 79. et 84. Belles épr.

1975 Sophonisbée, *Nro.* 82. Bonne épr.

1976 La même p. Epr. endommagée.

1977 2 p. Virginius; *Nro.* 84. et Diane. *Nro.* 91. Bonnes épr.

1978 La prise de Carthage; *Nro.* 86. Troisième épreuve. Foible.

1979 Thétis et Chiron; *Nro.* 90. Belle épr.

1980 La même p. meilleure épr. mais un peu endommagée.

1981 3 p. Nro. 91. 100. et 116. Bonnes épr.

PÉRIGNON, NICOLAS.

1982 6 p. Paysages dess. et grav. à l'eauf. par Perignon. 8. en L. Belles épr.

Nro. 1983 6 p. Suite de paysages; marquée en haut de
la lettre D. Idem. 4. en L. Idem.

PERRET, PIERRE.

1984 2 p. La Statue d'Antinous et la Fontaine
avec le Faune. 1581. Folio. en H. Belles
épreuves.

PERRIER, FRANÇOIS.

1985 2 p. Assemblées des Dieux, d'apr. RAPHAEL.
Fol. en L. Belles épr.

1986 5 p. Sujets saints. Gravures à l'eauf. in 4.
et Fol. Belles épr.

PESNE, JEAN.

1987 La Ste. famille dans un paysage, d'apr. RA-
PHAEL. Fol. en H. Belle épr.

1988 Autre Ste. Famille servie par des anges, et
La Samaritaine au puits; d'apr. N. POUSSIN.
Fol. en L. 2 Est.

1989 3 p. L'adoration des bergers; la fuite en
Egypte; le corps mort de J. Chr. d'après
LE MÊME. Epr. endommagées.

1990 Le joueur de Cornemuse, d'apr. VAN DYCK.
Fol. en H. Belle èpr.

PETHER, WILLIAM.

1991 Portrait d'un Rabbin; d'apr. REMBRAND. Fol.
en H. Man. noire. Sup. épr. avt. l. l.

1992 L'alchymiste; d'après. WRIGHT. Idem. Idem.
Belle épr

1993 La même p. Tr. belle épreuve.

PETIT, GILLES EDME.

Nro. 1994　Potier Duc de Gesvres, d'apr. VANLOO. Fol.
en H. Belle épr.

1995　Arm. Jules Prince de Rohan ; d'apr. RIGAUD.
Idem. Idem.

PFEIFFER, CHARLES.

1996　2 p. Venus allant au bain et Venus sortant
du bain ; d'apr. JULIEN DE PARME. Fol. en H.
au pointillé. Belles épr.

1997　3 différ. Portraits au pointillé ; Fol. en H.
Belles épr.

1998　3 autres, Idem. Idem. Idem.

1999　3 autres, Idem. Idem. Idem.

PHILLIPS, SAMUEL.

2000　2 p. L'innocence et un autre sujet. In Folio.

PICART, BERNARD.

2001　3 p. Darius faisant ouvrir le tombeau de la
reine Nitocris ; Ste. famille et Venus se
piquant aux flèches de Cupidon. 4. en H.
Belles épr.

2002　2 p. Paysages avec sujets de l'hist. de Venus et de Diane ; d'apr. ANN. CARRACHE. Fol.
en L. Belles épr.

2003　39 p. Recueil de Lions, divisé en plusieurs
Cahiers. Gravures à l'eauf. in 8. en L. Belles épr.

PICART, ETIENNE.

2004　Ste. Cécile chantant les louanges du Seigneur. LE DOMINIQUIN. Fol. en H. Belle épr.

Nro. 2005 2 p. St. Paul, d'apr. LESUEUR et St. André,
d'apr. LEBRUN. Fol. en H. Belles épr.

2006 La Peste des philistins; d'apr. N. POUSSIN.
Fol. en L. Epr. avec le nom de Goyton.

2007 Le Concert, d'apr. LE DOMINIQUIN. Idem. Tr.
belle épr.

2008 La vertu victorieuse couronnée par la gloire. LE CORRÈGE. Fol. en H. Belle épr.

PICCIONI, MATTHIEU.

2009 21 p. Les basreliefs de l'arc de Constantin; *P. G. Vol. XXI. Nro.* 3—23. Belles
épreuves.

PICHLER, JEAN.

2010 Le baptême du Christ; d'après. LE GUIDE.
Man. noire Fol. en H. Sup- épr.

2011 Brutus condamnant ses fils d'apr. FÜGER. Tr.
gr. in Fol. en L. Tr. belle épr.

2012 La mort de Germanicus, d'apr. LE MÊME.
Idem. Sup. épr. avt. l. l.

2013 2 p. Vases avec fleurs, d'apr. V. HUYSUM.
Fol. en H. Sup. épr. avt. l. l.

2014 Portrait de l'Empereur Léopold II. d'apr.
LAMPI. Fol. en H. Belle épr.

2015 Le Christ mort entouré des SS. femmes. VAN-
DYK. Fol. en L. Epr. en couleurs.

PIETRI, PIERRE ANTOINE DE.

2016 La Ste. Vierge et l'enfant. *P. G. Vol. XXI.
Nro.* 1. Belle épr.

PINARGENTI, A.

2017 9 p. Traité sur l'art de faire les armes. G.
FONTANA. Gravures à l'eauf. in 8. et 4.

PIRANESI, LES.

Nro. 2018 Vûe de la Colonne Antonina; Fol. en H. Belle épr.

2019 16 p. Monuments de Rome etc. diff. formats.

PIRINGER, BENOIT.

2020 Sept paysages, à l'aquatinta; d'apr. DIETRICH. 4. en L. Belles épr.

2021 11 p. Suite de paysages d'apr. LE MÊME. Fol. en L. Idem.

2022 9 p. Etudes de paysages. MOLITOR. Id. Id.

PITAU, NICOLAS.

2223 2 Portraits, d'apr. CHAMPAIGNE et LE FLEURE. Fol. en H. Belles épr.

PITTERI, Marc.

2024 Jeune femme assise et lisant dans un livre C. MARATTE. Pet. in Fol. en H. Bonne épr

2025 14 p. Les apôtres, d'apr. PIAZETTA. 8. en H. Belles épr.

PLACE, FRANÇOIS.

2026 2 p. Marines. *F. Place inv. et fecit* Bell. epr.

PO, PIERRE DEL.

2027 L'adoration des bergers; *P. G. Vol. XX. Nro.* 4. Seconde épr. avec l'adresse de *Steffano Scolari.*

2028 Le même sujet, gravé au burin de la même grandeur et dans le même sens par Dom. de Rubeis. Belle épr.

2029 St. André. *Nro.* 13. Belle épr.

2030 St. Jean Baptiste; *Nro.* 16 Prem. épr. avt. l'adr. de Bernard. Endommagée.

Nro. 2031 St. Jerôme, *Nro.* 17. Prem. et tr. belle
avt. *l'adr. de Bertrand.*

2032 La St. Vierge; *Nro.* 23. Tr. belle épr.

2033 4 p. Les vertûs; *Nro.* 24—27. Très belles épr.

2034 Neptune; *Nro.* 31. Tr. belle épr.

PO, THÉRÈSE DEL.

2035 La Madeleine dans une grotte vûe à mi-
corps et en pleurs. Elle a devant elle un livre
et les 3 clous de la Croix de N. S. — P. marquée vers la droite d'en bas: *Theresia del
Po scul.* H. 8 p. 2 l. L. 6 p. 3 l. (?) *P. Non
citée au Pre. Graveur.* Tr. belle épr.

PODESTA, JEAN ANDRÉ.

2036 Bacchanale; *P. G. Vol. XX. Nro.* 2. Prem.
épr. avec l'adr. de Saluci.

2037 La même p. *Nro.* 2. et son pendant le Bacchanale *Nro.* 3. Secondes épr. avec l'adr.
de *Giov. Jacomo de Rossi.* — Deux. Est.

2038 2 p. Bacchanales *Nro.* 3. et 4. — Epreuves
avec l'adr. de *Giov. Dominico de Rossi.*

2039 Le retour de Bacchus; *Nro.* 6. Belle épr.

2040 La même p. Très belle épr.

2041 Bacchanale, d'apr. un fameux tableau du TI-
TIEN; *Nro.* 7. — Prem. épreuve avant l'a-
dresse de Rossi.

2042 Le même sujet, gravé à l'eauf. dans une plus
grande dimension (L. 21. p. 10 l. H. 15 p.
11 l.) par un anonyme. Belle épr.

2043 L'assemblée des amours; *Nro.* 8. Deux épr.
La première avec l'adr. de Rubeis; la Seconde avec *celle de Rossi* à la suite du nom
de Rubeis.

POILLY, FRANÇOIS DE.

Nro. 2044 La Ste. famille, d'apr. BOURDON. Fol. en H.
Bonne épr.

2045 2 p. Ste. famille et Vierge pleurant le corps
mort de N. S. — AN. CARRACHE.

2046 La Ste. Vierge et l'enfant Jesus, d'apr. LE
GUIDE. Fol. en rond. Tr. belle épr.

2047 Le mariage de Ste. Cathérine. Fol. en H.
Epr. avt. l. l.

2048 La Ste. famille précédée d'un ange avec un
pannier de fleurs, d'apr. LE GUIDE. Idem. Tr.
belle épr.

2049 La Vierge assise dans une campagne et tenant sur ses génoux l'enft. Jésus endormi,
adoré par deux anges ; d'apr. ANN. CARRACHE.
Fol. en L. Sup. épr.

2050 Le Christ succombant sous sa croix ; d'apr.
ANN. CARRACHE. Prem. et Sup. épr. avt. l'inscription.

2051 La Ste. Vierge, l'enft. Jésus, St. Jean et Ste.
Elisabeth. Fol. en rond. Tr. belle épr. avec
une seule ligne de titre.

POILLY, NICOLAS DE.

2052 La Ste. famille, d'apr. LEBRUN. Fol. en H.
Belle épr.

2053 Portrait de Vignerot, abbé de Richelieu.
Fol. en H. Bonne épr.

POLLARD, ROBERT.

2054 2 p. Jeune homme retiré de l'eau, et rendû
à la Vie. R. SMIRKE. Fol. en L. au burin.
Tr. belles épr.

POMAREDE, SILVESTRE.

Nro. 2055 La mort de Germanicus. Fol. en L. Epr. avt. l. l.

PONHEIMER, KILIAN, PÈRE.

2056 6 p. Paysages, in 8. en L. Belles épr.

2057 2 p. Etudes d'arbres; d'apr. WEIROTTER. Fol. en H. Idem.

2058 3 p. Vûes des églises de Ste. Etienne et de Maria-Stiegen à Vienne. Fol. en H. Epr. avt. l. l.

2059 4 p. Paysages, d'apr. différ. peintres. 8. en L. Idem.

2060 4 p. Autres et portraits, Idem. Idem.

PONHEIMER, KILIAN, FILS.

2061 Portrait de J. M. Fischer, Directeur à l'academie I. et R. des beaux arts; MAURER. Fol. en H. Belle épr.

2062 Venus et l'amour, FRANCESCHINI. Id. Epr. avt. toutes lettres.

2063 Femme vûe à mi-corps, se coupant les cheveux. Idem. Ces trois p. en manière noire.

PONTIUS, PAUL.

2064 Susanne surprise par les viellards. RUBENS. p. 10. Nro 34. du Cat. Tr. belle épr.

2065 La fuite en Egypte, JORDANS. Nro. 4. Epr. avec l'adr. de Bloeteling.

2066 La Ste. Famille, adorée par Ste. Rosalie, d'après VANDYCK. Fol. en H. Deux épr.

2067 St. Roch, d'apr. RUBENS. p. 78. Nro. 44. — Belle épr.

2068 Thomiris, d'apr. RUBENS; p. 111. Nro. 22. Belle épr.

Nro. 2069 Le Roi boit, d'apr. JORDAENS. *Nro.* 14. Belle épr.

2070 2 Portraits, D. Segers, d'apr. LIVENS et H. Comte de Nassau, d'apr. MEYSSENS. 4. en H. Belles épr.

POOL, MATTHIEU.

2071 La peste. MIGNARD. 4. en tr. Belle épr.

2072 2 p. Les fumeuses, d'apr. DUSART. 4. en H. Belles épr.

2073 2 p. Diane et Callisto d'apr. LE TITIEN et une autre p. par v. S o m m e r.

POPPELS, JEAN.

2074 Triomphe de Bacchus; d'apr. RUBENS; *p.* 102. *Nro.* 61. Belle épr.

PORPORATI, CHARLES.

2075 Susanne au bain; d'apr. SANTERRE. Fol. en H. Belle épr.

2076 La même p.

2077 Adam et Eve; d'apr. VANDERWERFF. Fol. en H. Belle épr.

2078 Le devoir naturel; d'apr. LAVY; 4. en H. Id.

2079 Le coucher; d'apr. VANLOO; Fol. en H. Id.

2080 L'enfant tenant un chien; d'apr. GREUZE. Idem. Idem.

2081 2 p. Erminie; Clorinde; d'apr. VANLOO. Idem.

PORRETA, A.

2082 Grand paysage, le répos de Diane; CL. LORRAIN. Fol. en L. au burin. Belle épr.

POTENZANI, F.

2083 22 p. La vie de la Ste. Vierge. LE POUSSIN. Fol. en H. Belles épr.

POTT, J.

Nro. 2084 Lady Charles Spencer; d'apr. REYNOLDS. Fol. en H. Man. noire. Belle épr.

POTTER, PAUL.

2085 Différens animaux Suite de 8. p. *P. G. Vol. I. Nro.* 1—8. Anc. et tr. belles épr. avec *Cl. de Jonghe.*

2086 Le vacher, *Nro.* 14. Seconde épr. Belle.

2087 Le berger, *Nro.* 15. Tr. belle épr.

2088 Suite de 8 p. différ. boeufs et vaches placés dans des prairies, attribuées à P. Potter; *p.* 64. *Nro.* 1—8. Tr. belles épr.

PREISLER, GEORGE MARTIN.

2089 Suite des plus belles Statues antiques de Rôme etc. 21 p. y compris le titre. Fol. en H. Belles épr.

PRESTEL, CATHÉRINE.

2090 Le soir, Evening etc. ROSA D. TIVOLI. Fol. en L. Belle épr.

PRESTEL, JEAN THÉOPH.

2091 Susanne devant ses juges, d'apr. P. DE CORTONE. Fol. en H. Sup. épr.

PROCACCINI, ANDRÉ.

2092 2 p. La circoncision; — L'éducation de Bacchus; in Fol. Belles épr.

PROCACCINO, CAMILLE.

2093 Le répos un égypte; *P. G. Vol. XVIII. Nro.* 1. Prem. épr.

2094 Autre répos; *Nro.* 2. Bonne épr.

2095 Autre répos, *Nro.* 3. Belle épr.

PROU, JACQUES.

Nrō. 2096 Paysage coupé d'une rivière où St. Jean baptise deux jeunes gens ; d'apr. CARRACHE. Gravure à l'eauf. Belle épr.

2097 4 p. Paysages et Sites agrestes ; S. BOURDON PINX. Fol. en L. Belles épr.

RAGOT, FRANÇOIS.

2098 Le festin d'Herodias ; d'apr. RUBENS. **Grande** Est. en L. Belle épr.

RAHL, CHARLES.

2099 La Ste. Vierge, Jésus et Ste. Anne ; d'apr. MARRATTE. 8. en H. Epr. sur papier de la Chine.

2100 La même p. Epr. sur pap. vélin avt. toute lettre.

2101 L'enfant Jésus monté sur un mouton ; d'apr. WAECHTER. 4. en L. Sup. épr.

2102 2 p. Ecce homo ; LE GIORGION, et Mater dolorosa ; LE GUIDE. Fol. en H. Belles épr.

2103 La Ste. Vierge montrant l'enfant Jésus endormi ; derrière elle St. Joseph et deux anges ; LE DOMINIQUIN. Fol. en H. Sup. Epr. avt. l. l.

2104 Le Christ et la Samaritaine, d'apr. ANN. CARRACHE. Fol. en L. Prem. et sup. épr. avant l. l. et la pierre qui borde le devant de l'estampe.

2105 Le Christ en jardinier ; d'apr. VANDYK. Fol. en H. Prem. épreuve sur papier de chine.

2106 Ste. Margarethe ; RAPHAEL. Fol. en H. Sup. épr. avec la lettre tracée et avant la dédicace.

*

Nro. 2107 Cimon en prison; d'apr. WAECHTER. Fol. en
L. Tr. belle épr.

2108 Andromaque; d'apr. LE MÊME. Id. Id.

2109 Job et ses amis; d'apr. LE MÊME. Id. Id.

2110 Le joueur de guitarre. M. ROUX. 4. en tr.
Epr. avt. toute lettre.

2111 L'Oréade au bain; d'après LE DOMINIQUIN.
Fol. en L. Sup. épr.

2112 Estampes de Hogarth, expliquées par Lich-
tenberg. 1° et 2° Livraison.

2113 Portr. de J. P. Frank. SCHMIED. 8. en H. Au
pointillé.

2114 Portrait de Marie-Louise, d'apr. KRAFFT. Fol.
en H. Sup. épr. à lettres ouvertes.

2115 Suite de 6 p. Paysages et vûes pittoresques,
d'apr. LE GUASPRE. 4. en L. Tr. belles épr.

2116 6 p. Autre suite; Sup. Epr. sur papier de
la Chine.

2117 2 paysages pittoresques; à l'un un patre avec
troupeau de moutons, N. POUSSIN. à l'autre
une femme assaillie par un serpent; G. POUS-
SIN. Fol. en L. Belles épr. sur papier jau-
nâtre.

2118 Paysage d'apr LE POUSSIN. Fol. en L. Epr.
avt. l. l.

2119 Deux paysages, dont un par Rahl. Fol. en L.

RAIMONDI, MARC-ANTOINE ET SON ÉCÔLE.

2120 Dieu apparaissant à Isac; *P. G. Vol. XIV.
Nro.* 7. Bonne épr.

2121 David coupant la tête de Goliath; *Nro.* 10.
Epr. foible avec l'adr. de Salam.

2122 La reine de Saba; *Nro.* 13. Belle épr.

Nro. 2123 Le massacre des innocens; *Nro.* 18. Epr.
de la pl. usée.

2124 Le même sujet : *Nro.* 20. Tr. belle épr.

2125 Le massacre de innocens; *Nro.* 21. Orig.
et Copie.

2126 La descente de croix; *Nro.* 32. P. tr. rare
Bonne épr.

2127 La Vierge pleurant le corps mort de J.
Chr. *Nro.* 35. Orig. et Copie B. Cette dern.
en tr. belle épr.

2128 Notre dame à l'escalier; *Nro.* 45. Épr.
foible avec l'adr. de Salam.

2129 La Vierge assise sur des nùes; *Nro.* 52.
Bonne Epr.

2130 La Vierge à la longue cuisse; *Nro.* 57. Tr.
belle épr.

2131 11 p. de la suite des apôtres; *Nros.* 81—
91. (Les *Nros.* 87. 89. et 90. en double)
14. Estampes.

2132 Le martyre de St. Laurent; *Nro.* 104. Epr.
foible.

2133 La pièce des cinq Saints. *Nro.* 113. Belle
épreuve.

2134 Le martyre de Ste. Felicité. *Nro.* 117. Orig.
et la Copie A. Epr. usées.

2135 Cléopatre; *Nro.* 199. Orig. et Copie C. Tr.
belles épr.

2136 Alexandre faisant serrer les livres d'Homère;
Nro. 207. Prem. et très belle épr. avant
l'adresse de Salamanca.

2137 Danse d'Amours; *Nro.* 217. Prem. et belle
épr. Tr. rare.

Nro. 2138 Marche de Sylène; *Nro.* 240. Deux épreuves. l'une avec l'adr. de Salam.

2139 Le jugement de Paris; *Nro.* 245. Epreuve retouchée.

2140 Danse de faunes, *Nro.* 250. Deux épreuves, l'une avec l'adr. de Salam.

2141 Venus et l'amour; *Nro.* 286. 4. Epr. avec les mots: *Horatius Pacificius formis* àjoutés au milieu d'en bas.

2142 Le jeune et le vieux bacchant; *Nro.* 294 Épr. médiocre.

2143 Hercule et Anthée; *Nro.* 317. Epr. avec l'adresse de Salam.

2144 2 p. La statue de l'Appollon du Belvedère. *Nro.* 330. et la statue d'un Hermaphrodite. Epreuves avec l'adr. de Lafrery.

2145 Cupidon et les gràces; *Nro* 344. Tr. belle épr.

2146 Hercule et Anthée; *Nro.* 347. Belle épr.

2147 La Galathée; *Nro.* 350. Copie A.

2148 La paix; *Nro.* 393. Tr. belle épr.

2149 La peste; *Nro.* 417. Epr. usée.

2150 Les grimpeurs; *Nro.* 423. Prem. et trés belle épr. avant l'année XXIII.

2151 Femme en méditation; *Nro.* 445. Tr. belle épreuve.

2152 L'assemblée des savans; *Nro.* 479. Tr. belle épreuve.

2153 La cassolette; *Nro.* 490. et la Copie A. du *Nro.* 489. — Deux Est.

2154 L'archéveque de Brindes; *Nro.* 517. Bonne épreuve.

2155 17 p. La Vie de la Ste. Vierge; 621—637. Epr. foibles.

Nro. 2156 4 p. Copies d'apr. des Estampes de M. A. *Nro.* 47. Copie C. — *Nro.* 116. Copies A. B. et C.

2157 4 p. Idem; *Nro.* 123. 242. 250. 297.

2158 3 p. Idem. *Nro.* 306. 397 B. 474.

2159 Judith; *P. G. Vol. XV. page* 13. *Nro.* 9. Epr. médiocre.

2160 La fuite en Egypte; *ibid. page* 16. *Nro.* 4. Epr. foible.

2161 L'incendie de Borgo; *ibid. page* 33. *Nro.* 6. Prem. et rare épr. avt. l'adr. Très belle.

2162 Psyché emportée dans l'Olympe; *ibid. page* 36. *Nro.* 5. Belle épreuve. (Tronquée.)

2163 Diane dans son char; *ibid. page* 39. *Nro.* 9. Epr. médiocre.

RAUSCHER, a. f.

2164 8 Paysages, Sites pittoresques et Intérieurs de fôrets. 1787 et 1788. Eauxfortes in 8. et 4. en L. Tr. belle épr.

RAVENET, simon François.

2165 La peinture et le dessin, d'apr. le guide, Fol. en H. Belle épr.

2166 2 p. Marche comique et Orchestre de village, d'apr. pater. Fol. en H. Belles épr.

REBELL, joseph.

2167 2 paysages avec Cascade et Bergers; Fol. en L. Belles épr.

RECHBERGER, François de.

2168 12 paysages et vûes pittoresques. 8. en L. Tr. belles épr.

2169 12 autres; 4. Idem.

2170 12 autres; d'apr. Dietricy. Idem.

Nro. 2171 7 autres; Idem.

2172 6 autres; Idem.

2173 6 autres; Idem.

2174 4 autres; Pet. in Fol. en L. Idem.

RECLAM, FRÉDERIC.

2175 2 p. Le matin et le soir. MOUCHERON. 4. en L. Bonnes épr.

2176 Suite de 8 paysages, dediée au Comte de Garnitz. 8. en H. Belles épr.

REINHART, JEAN CHRÉTIEN.

2177 12 p. Chiens en différ. attitudes, vaches veaux et chevres; 8. et 4. en H. et en L. Très belles épr.

2178 14 p. Etudes de mulets, chiens, vaches, et autres animaux. Idem. Idem.

2179 Suite de 6 p. Tombeaux antiques près de Rôme. 4. en L. Très belles épr. dont trois avant les inscriptions.

2180 2 paysages avec satyres. 1795 et 1799. 4. en L. Très belles épr.

2181 2 autres, *Teatro* et *Sepolcro a Albano*. Fol. en L. Idem.

2182 3 autres: *Civite-Castellana, Subiaco* et *Castel-Gandolfo*. Idem. Idem.

2183 2 autres: *Villa Mecenate* et *di Ventidio Basso à Tivoli*. Idem. Idem.

2184 2 autres: Le matin et le soir; Idem. Idem.

2185 2 autres: *A Subiaco* et *Civita-Castellana*. Fol. en haut. Idem.

2186 Grand paysage avec moulin situé sur les bords d'une pièce d'eau qu'un garçon veut

passer avec son troupeau. Fol. en L. Belle
épreuve.

Nro. 2187 2 paysages, dont un par Reinhart et l'autre
par Pfeiffer.

REMBRANDT.

2188 Portrait de Rembrandt; *Nro.* 17. *du Catalogue de l'oeuvre de Rembrandt par Adam
de Bartsch; Vienne* 1797. in 8. Troisième
épreuve. Belle. (Nro. 17.*)

2189 Autre du même; *Nro.* 19. Très belle épreuve. (19.)

2190 Autre du même; *Nro.* 20. Idem. (20.)

2191 Autre du même; *Nro.* 22. Troisième Epreuve. Idem. (22.)

2192 La même p. Quatrième Epr. Belle.

2193 Agar renvoyée; *Nro.* 30. Très belle épr. (37.)

2194 Joseph racontant ses songes; *Nro.* 37. Seconde épr. Idem. (41.)

2195 Jacob pleurant la mort de Joseph; *Nro.* 38.
Copie trompeuse. Belle épr. (42.)

---

*) Ce numéro et ceux placés entre deux parenthèses à la
fin des articles suivants, se rapportent au *Catalogue rai-
sonné de toutes les estampes qui forment l'oeuvre de Rembrandt et des principales pièces de ses élèves, composé
par les Sieurs Gersaint, Helle, Glomy et P. Yver; Nouvelle Edition corrigée et considérablement augmentée
par M. le Chev. de Claussin. Paris* 1824. *in* 8. — (Vienne
chez Schallbacher.)

Cette prétendue *nouvelle édition du Gersaint* n'est, —
sauf quelques légères additions d'un coté et quelques
omissions de l'autre — qu'une copie, faite à peu de
frais sur le catalogue de feu Mr. de Bartsch.

Nro. 2196 Le triomphe de Mardochée; *Nro.* 40. Belle épr. (44.)

2197 L'ange qui disparait; *Nro.* 43. Bonne épr. (47)

2198 L'annonciation aux bergers; *Nro.* 44. Seconde épr. Belle (48.)

2199 La nativité; *Nro.* 45. Belle épr. (49.)

2200 Fuite en Égypte; *Nro.* 53. Seconde et très belle épreuve. (57.)

2201 Répos en Égypte; *Nro.* 57. Seconde épr. Foible. (61.)

2202 La Vierge et l'enfant; *Nro.* 61. Belle épr. (65)

2203 La Ste. Famille; *Nro.* 63. Idem. (67.)

2204 Jésus Christ au milieu des docteurs; *Nro.* 64. Idem. (68.)

2205 Jésus Christ préchant; *De kleene Latombe,* *Nro.* 67. Troisième épr. Idem. (71.)

2206 Le dénier de César; *Nro.* 68. Belle épr. (72.)

2207 Jésus Christ chassant les vendeurs hors du temple; *Nro.* 69. — Première et très belle épr. (73.)

2208 La Samaritaine; *Nro.* 70. Bonne épr. (74.)

2209 La résurrection de Lazare; *Nro.* 72. Belle épr. (76.)

2210 La pièce de cent florins;*) *Nro.* 74. Seconde épr. (78.)

---

*) *Daulby,* dans l'excellente préface de son *Descriptive Catalogue of the Works of Rembrandt and of his Scholars;* 1796. *in* 8. observe, »que c'est un fait bien constaté que l'Estampe du Christ guérissant les malades, appelée communément la pièce de cent florins, a prise cette dénomination par la raison que Rembrandt réfusait d'en vendre une épreuve au dessous de cette somme.«

Nro. 2211 Le grand Ecce-Homo; *Nro.* 77. Copie.

2212 Jésus Christ à la croix; *Nro.* 80. Bonne épr. (85.)

2213 La descente de croix; *Nro.* 81. Troisième épr. Belle. (83.)

2214 Autre descente de croix; *Nro.* 83. Belle épr. (87.)

2215 Le bon samaritain; *Nro.* 90. Copie tromp. par Novelli.

2216 Le retour de l'enfant prodigue; *Nro.* 91. Belle épr. (95.)

2217 La décollation de St. Jean Bapt. *Nro.* 92. Bonne épr. (96.)

2218 La même p. meilleure épr.

2219 St. Pierre et St. Paul; *Nro.* 94. Seconde épr. (97.)

2220 St. Jérome; *Nro.* 102. Belle épr. (105.)

2221 L'étoile des Rois; *Nro.* 113. Idem. (115.)

2222 Chasse aux lions; *Nro.* 114. Idem. Endommagée. (116.)

2223 Figures orientales; *Nro.* 118. Belle épr. (120.)

2224 Les musiciens ambulans; *Nro.* 119. Id. (121)

2225 La faiseuse de Kouks; *Nro.* 124. Tr. belle épr. (126.)

2226 Paysan les mains derrière le dos; *Nro.* 135. Quatrième épr. (135.)

2227 Homme à cheval; *Nro.* 139. Belle épr. (138.)

2228 Vieillard vû par le dos; *Nro.* 143. Seconde épr. (142.)

2229 Vieillard à courte barbe; *Nro.* 151. Bonne épr. (148.)

2230 Le persan; *Nro.* 152. Idem. (149.)

Nro. 2231 Gueux et gueuse; *Nro.* 164. Quatrième
épreuve. (161.)

2232 Vieille mendiante; *Nro.* 170, Epr. foible
(167.)

2233 Mendiants à la porte d'une maison; *Nro* 176.
Très belle épr. (173.)

2234 Academie d'un homme assis; *Nro.* 196. Id.
(193.)

2235 Paysage avec la vûe d'Omval; *Nro.* 209.
Morceau toujours foible d'épreuve. (206.)

2236 Le paysage à la tour carrée; *Nro.* 218. Sec.
épr. Très belle. (215.)

2237 L'abreuvoir de la vache; *Nro.* 237. Bonne
épr. (234.)

2238 Portrait de Jan van der Linden; *Nro.* 264.
Seconde épr. (261.)

2239 Vieillard à barbe carrée; *Nro.* 265. Belle
épr. (262.)

2240 Janus Silvius, *Nro.* 266. Très belle épreuve.
(263.)

2241 Jeune homme assis; *Nro.* 268. Idem. (265.)

2242 Manassé - Ben - Israel; *Nro.* 269. Idem.
(266.)

2243 Renier Ansloo; *Nro.* 291. Troisième épreuve
où les travaux ajoutés dans la marge blanche
du bas — Indices des secondes épreuves —
ont été éffacés du cuivre par le possesseur
de la planche (Boydell à Londres.) (268.)

2244 Clement de Jonghe; *Nro.* 272. Cinquième
Epr. Belle (269.)

2245 Abraham France; *Nro.* 273. Id. Id. (270.)

2246 Jean Lutma; *Nro.* 276. Seconde Epr. Belle
(273.)

Nro. 2247 Jean Asselyn; *Nro.* 277. Troisième Epr.
Idem. (274.)

2248 Wtenbogardus; *Nro.* 279. Seconde Epreuve
Idem. (276.)

2249 Le péseur d'or, Utenbogaerd, *Nro.* 281.
(278) Copie tromp, par Baillie. Epr. avt.
l. l.

2250 La même p. Original. Très belle épr. sur
papier de la chine.

2251 La même p. Copie par Le Bas. Tr. belle épr.

2252 Coppenol; *Nro.* 283. Troisième épr. (280.)

2253 L'avocat Tolling; *Nro.* 284. (281.) Copie.

2254 Le bourguemaître Six; 285. (282.) Copie.

2255 Homme en cheveux; *Nro.* 289. Belle épr.
(286.)

2256 Tête d'homme chauve; *Nro.* 292. Troisième épr. Belle. (289.)

2257 2 p. Vieillard, *Nro.* 300. (296.) — Homme avec trois Crocs; *Nro.* 319. (28) Epreuves foibles.

2258 Vieille femme assise; *Nro.* 343. Prem. et
tr. belle épr. (333.)

2259 La liseuse; *Nro.* 345. Seconde épr. Belle.
(335.)

2260 Tête de femme; *Nro.* 358. Id. Id. (348.)

2261 Etudes de six têtes; *Nro.* 365. Bonne épr.
(355.)

2262 Trois têtes de femmes; *Nro.* 368. Belle épr.
(358.)

B o l, Ferdinand.

2263 Le sacrifice d'Abraham; *Nro.* 1. Très belle
épreuve.

Nro. 2264 St. Jérome; *Nro.* **3.** Idem.

2265 La famille; *Nro.* **4.** Idem.

2266 La femme à la poire; *Nro.* **14.** Idem.

Livens, Jean.

2267 Buste de jeune homme; *Nro.* **26.** Belle èpr.

2268 Buste d'homme; *Nro.* **29.** Tr. belle épr.

2269 Buste d'un Oriental; *Nro.* **34.** P. rare.

2270 Buste de Vieillard; *Nro.* **35.** Belle épr.

2271 Buste d'homme; *Nro.* **38.** Idem.

2272 Portrait de D. Heinsius; *Nro.* **58.** Très belle épr. avec la première adresse de **M.** van den Enden.

2273 Portrait de Jacques Gouter; *Nro.* **59.** Belle épreuve.

Vliet, J. George van.

2274 St. Jérôme; *Nro.* **13.** Epr. foible et tronquée.

2275 Autre St. Jérôme; *Nro.* **14.** Seconde épr. avec: *Visscher excud.* au dessus du nom de Vliet. Belle épr.

2276 Buste d'homme; *Nro.* **19.** Tr. belle épr.

2277 Buste de vieillard; *Nro.* **25.** Belle épr. tronquée en haut.

2278 Portrait de Ragoczy; *Nro.* **26.** Epr. foible.

2279 2 p. L'Odorat; *Nro.* **29.** et la Vûe; *Nro.* **31.** Belles épr.

2280 5 p. d'une suite de gueux; *Nro.* **74—77.** et **81.** Idem.

2281 3 Portraits d'apr. Rembrandt.

2282 5 p. différ. sujets, d'apr. le même.

2283 9 p. Idem. Idem.

2284 2 p. Vieillards, marqués **F. Bol.** et **J. L.**

RENI, GUIDO, *dit*: LE GUIDE.

Nro· 2285 La Ste. Vierge et l'enfant Jésus; *P. G. Vol. XVIII. Nro.* 3. Belle épr.

2286 La même p. imprimée en rouge.

2287 Le même sujet; *Nro.* 4. Original et Copie. — Deux Est.

2288 La Ste. Vierge, Jésus et St. Jean; *Nro.* 7. Belle épr.

2289 Ste. Famille; *Nro.* 8. Tr. belle épr.

2290 Autre Ste. Famille; *Nro.* 9. Prem. épr. avt. le nom.

2291 L'enfant Jésus et St. Jean; *Nro.* 13. Prem. et Sup. épr. *avt. l'adr. de N. v. Aelst.* à la gauche d'en bas. — La copie en Contrepartie. 2 Est.

2292 St. Christophe; *Nro.* 14. Bonne épr.

2293 La Ste. Famille et Ste. Claire; *Nro.* 50. Prem. épr.

2294 La Ste. Vierge; *Nro.* 51. Bonne épr.

2295 Jésus Christ et la Samaritaine; *Nro.* 52. Belle épr.

2296 La même p. et Copie en contrep.

2297 St. Roch; *Nro.* 53. Bonne épr.

Anonimes de l'école du Guide.

2298 Judith; *P. G. Vol. XVIII. p.* 314. *Nro.* 1. Belle épr.

2299 La Vierge au Rosaire; *Nro.* 6. Bonne épr.

2300 L'enfant couché sur la croix; *Nro.* 7. Idem.

2301 St. Michel; *Nro.* 29. Idem.

2302 Venus; *Nro.* 33. Idem.

2303 6 p. d'apr. Le Guide, Pésarese etc.

Nro. 2304   6 autres, Idem. Idem.

2305   5 autres, Idem. Idem.

REYNOLDS, s. w.

2306   Lord Grenville assis dans un fauteuil d'apr.
hoppner. Fol. en H. Man. noire. Prem. et
sup. Epr. à lettres ouvertes.

RIBERA, joseph *dit* l'espagnolet.

2307   Le corps mort de J. Chr. *P. G. Vol. XX.*
Nro. 1. Tr. belle épr. avec la Contre-Epr.
2 Estampes.

2308   St. Jérôme; *Nro.* 3. Tr. belle épr.

2309   Autre St. Jérôme; *Nro.* 4. Idem.

2310   Autre St. Jérôme; *Nro.* 5. Idem.

2311   St. Pierre; *Nro.* 7. Belle épr.

2312   La même p. La marge du bas coupée.

2313   St. Barthélemi; *Nro.* 6. Bonne épr.

2314   Le poête; *Nr.* 10. Sup. épr. signée par Mariette.

2315   Le Satyre; *Nro.* 12. Bonne épr.

2316   Sylène couché; *Nro.* 13. Prem. et tr. belle épr.

RICCI, marc.

2317   20 p. Suite de paysages; *P. G. Vol. XXI.*
Nro. 1—20. Belles épr.

2318   2 p. de la suite précedente; *Nro.* 12. et 20.

2319   13 p. diff. paysages, gravés d'apr. M. Ricci,
chez Wagner à Venise. Fol. en L. — Bel-
les épr.

2320   4 p. Idem. Idem. Idem.

RICCIANI, antoine.

2321   Femme vûe à mi-corps, tenant un vase de la
main droite; d'apr. da vinci. Fol. en H. au
burin. Tr. belle épr.

RICHTER, a. g.

Nro. 2322 Jésus Christ au jardin des olives ; d'apr. TIÉ-
POLO. Fol. en L. Epr. avt. l. l. et seulement
avec les noms des artistes.

2323 La même p. Epr. avant toutes lettres.

RIEDEL, ANTOINE.

2324 8 p. Têtes et bustes, d'apr. MARATTE et REM-
BRANDT. 8. en H. Belles épr.

2325 7 p. Les sept Sacrements, d'apr. CRESPI. Pet.
in Fol. en H. Idem.

RIEDINGER, JEAN ÉLIE et MARTIN.

2326 2 p. La chasse au Cerf et au Sanglier. Fol.
en L. Belles épr.

2327 4 p. Les pistes de différ. animaux de chasse.
Fol. en H. Belles épr.

2328 18 p. Suite de différens Chiens. 4. en H.
Belles épr.

2329 18 p. Lions et Tigres. Idem. Idem.

2330 16 p. Têtes de chiens, différ. animaux etc.
Idem. Idem.

2331 15 p. sur chacune un animal de chasse avec
le dessin de ses pattes. Fol. en H. Idem.

2332 8 p. La manière de prendre le gibier ; Fol.
en L. Idem.

2333 7 p. Lions en différ. attitudes. Fol. en H.
Idem.

2334 12 p. différ. animaux de Chasse remarquables.
Idem. Idem.

2335 12 p. Idem. Idem. Idem.

2336 4 p. Souverains à cheval, Fol. en H. Bonnes épr.

Nro. 2337 12 p. Animaux divers. Fol. Belles épr.

2338 12 p. Idem. Idem. Idem.

2339 12 p. Chasses et autres Sujets. Folio en L. Idem.

2340 Le nouveau manège, *Neue Reitschul.* 18 p. Parmi ce nombre plusieurs qui sont endommagées.

2341 La même suite, 18 p. mieux conservées.

RIGAUD, J.

2342 6 p. Vûes de différens chateaux de France. Fol. en L. Belles épr.

RISCHKA.

2343 2 p. Paysages avec rivières; Grav. à l'eauf. d'apr. BLANDT. 4. en L. Belles épr.

ROBERTS, JAMES.

2344 Paysage avec une croix, élévée sur une hauteur de la droite; d'apr. WILSON. Fol. en L. Belle épr.

ROCHEBRUNE J. BÉCHON DE.

2345 2 p. Paysages avec intérieurs de forêts; Grav. à l'eauforte, marquées en H. de la droite: *J. Béchon de Rochebrune in. fe. et ex. cum privilegio.* 8. en L.

RODE, BERNARD.

2346 6 p. Monumens de Kleist et de Winterfeld; la présentation au temple; la résurrection d'une femme et deux tableaux d'autels; Grav. à l'eauf. en différ. formats. Belles épr.

RODE, JEAN HENRI.

Nro. 2347 La présentation au temple; d'apr. c. b. RODE.
Fol. en H. Belle épr.

ROGER, BY.

2348 La Vierge et l'enft. Jésus, d'apr. L. CARRACHÉ.
Fol. en rond. Sup. épr.

ROGHMANN, ROLAND.

2349 4 p. Vûes de Hollande; *P. G. Vol. Nro.* 1.
10. 11. et 14. Anc. et b. épr.

2350 3 p. Autres vûes de Hollande; *Nro.* 17. 19.
et 22. Idem.

2351 Vûes d'Italie; *Nro.* 25—32. — 8 p. dont
plusieurs de l'édition de Kusell.

2352 4 p. Doublettes des p. précédentes.

2353 3 p. des Vûes dans le bois de la Haye, savoir; *Nro.* 35. 38. et 39. Belles épr.

2354 3 p. Paysages attribués à Roghmann.

ROLLI, JOSEPH.

2355 La mort de St. Benoit; Grav. à l'eauf. in
Fol. en H. Épr. et Contre-Épreuve. 2 Est.

ROMAIN, DE HOOGHE.

2356 La prise de Belgrade et 6 Capricci. Bonnes
épr. Sept Estampes.

ROMERO, JEAN BAPT.

2357 2 p. Gladiateurs. DELERA. Fol. en L. Au
Lavis.

ROOS, JEAN HENRI.

2358 4 p. différens moutons et chèvres; *P. G.
Vol. I. Nro.* 11. 13—15. Belles épr.

*

Nro. 2359 11 p. de la suite de différens animaux, savoir les *Nro.* 20—30. Premières et très rares épr. avant l'inscription et les Nros.

2360 6 p. de la suite précédente; *Nro.* 22. 24—27 et 29. également en premières épr.

2361 12 p. La suite de différens animaux *Nro.* 19—30. divisée en deux parties numérotées 1—6. et marquées *a—f.* Cinquième édition, où l'on ne voit plus d'adresse.

ROSA, FRANÇOIS.

2362 Ste. Cécile refusant de sacrifier aux idoles. *P. G. Vol. XXI. Nro.* 3. Épr. avec l'adr. de Billy.

ROSA, SALVATOR.

2363 St. Guillaume; *P. G. Vol. XX. Nro.* 1. Belle épr.

2364 Diogène; *Nro.* 5. Idem.

2365 Glaucus et Scylla; *Nro.* 20. Idem.

2366 Le Génie de S. Rosa; *Nro.* 24. Idem.

ROSASPINA, FRANÇOIS.

2367 Charitas, d'apr. L. CARRACHE. 4. en rond. Belle épr.

ROSATTI, FERRANTES.

2368 David, *P. G. Vol. XXI. Nro.* 1. Belle épr.

ROSSI, ANDRÉ.

2369 2 p. L'empereur Joseph et le Grand-Duc de Toscane; d'apr. POMP. BATTONI. — Thomas Aquinatis, d'apr. MAGGIOTTO. Belles épr.

ROSSI, J. J.

2370 10 p. Les peintures du Palais Barberini. P. DE CORTONE. Fol. en L. Belles épr.

ROTA, MARTIN.

Nro. 2371 La Ste. Famille; *P. G. Vol. XVI. Nro.* 2. Tr. belle épr.

2372 Le jugement dernier; *Nro.* 29. Idem.

2373 Maximilien II. Empereur etc. *Nro.* 81. Épr· un peu endom.

ROTARI, PIERRE.

2374 3 p. Abraham, St. François et Diane. BALLE-STRA et MARATTE. Belles épr.

2375 3 p. différens sujets.

ROULLET, JEAN LOUIS.

2376 La Vierge et l'enfant; d'apr. MIGNARD, Fol. en H. Tr. belle épr.

2377 Les trois femmes au tombeau; d'apr. ANN. CARRACHE. Fol. en L. Belle èpr.

2378 Le Christ mort pleuré par les Stes. femmes; d'apr. LE MÊME. Belle épreuve. Elle porte l'adresse de Drevet.

ROUSSELET, GILLES.

2379 Moise tiré des eaux; d'apr. N. POUSSIN. Fol. en L. Bonne épr.

2380 David tenant la tête de Goliath. LE GUIDE. Fol. en H.

2381 Jésus Christ à la Croix, d'apr. LEBRUN. Fol. en H. Belle épr.

2382 Jésus Christ porté au tombeau, d'apr. LE TITIEN. Fol. en L. Idem.

2383 4 p. Les Évangelistes, d'apr. LE VALENTIN. Fol. en L. Belles épr.

2384 St. Michel victorieux du démon. RAPHAEL. Fol. en H. Belle épr.

2385 La Communion de Ste. Madelaine, d'apr. J. STELLA. Fol. en H. Belle épr.

RUBENS.

Nro. 2386 La pêche du poisson, d'apr. RUBENS. *p.* 22.
Nro. 44. *du Cat. de Basan.* P. rare Belle
épr. avec l'adr. d'Esnauts.

RUGENDAS, GEORGE PHILIPPE.

2387 Le prince Malborough, à cheval. Fol. en H.
Man. noire. Bonne épr.

2388 11 p. Cavaliers en marche, Combats, Escar-
mouches etc. morceaux grav. à l'aquat. 8. et
4. en L. Belles épr.

2389 Suite de 6 p. Chevaux en différ. attitudes
avec titre: *Capricci di G. F. Rugendas.*
Grav. à l'eauf. Belles épr.

2390 Autre Suite de 6 p. Cavaliers en marche·
Gr. in 8, en H. Grav. à l'eauf. Idem.

2391 Suite de 8 p. Cavaliers en marche. avec
titre: *Diversi Pensieri* etc. 8. en L. Id. Id

2392 Suite de 7 p. Cavaliers en gallop; au titre deux
Cavaliers qui se reposent. 8. en H. Id. Id·

2393 Suite de 8 p. réprésentant des Militaires à
cheval, depuis le grade de soldat jusqu'à
celui de Général. Pet. in Fol. en H. Man.
noire. Belles épr.

2394 Suite de 4 p. avec Combats de Cavalerie·
Fol. en L. Man. noire. Bonnes épr.

2395 Suite de 6 p. Episodes du siège de la ville
d'Augsbourg. Grav. à l'eauf. in Fol. en L.
Tr. belles épr.

RUSS, CHARLES.

2396 Buste de Jesus Christ; d'apr. LE GUIDE. 4.
en H. Tr. belle épr.

RUYSDAEL, JACQUES.

Nro. 2397 3 p. La chaumière; le grand arbre, et la rivière; *P. G. Vol. I. Nro.* 1—3. Belles épreuves.

RYLAND, GUILLAUME.

2398 3 p. Triomphe de Venus; Jugemeut de Paris et Venus cassant l'arc de l'Amour. ANG. KAUFMANN. Fol. en H. dans des ronds. Belles épr.

SABLET, JACOB.

2399 2 p. Homme et femme assis dans des chambres devant des livres. Gravures à l'eauf. in 4. en haut. Belles épr.

SACHTLEVEN, CORNEILLE.

2400 4 p. Trois amusements champêtres, 8. en L et Paysan assis. 12. en H.

SACK, FRANÇOIS.

2401 8 p. Paysages et Vûes; 8. en L. Belles épr.
2402 6 p. Autres. Idem. Idem.
2403 4 p. Autres. Idem. Idem.
2404 6 p. Autres. Idem. Idem.
2405 2 p. Autres. 4. en H. Idem.

SADELER, GILLES.

2406 Le massacre de innocens, d'apr. LE TINTORETTE. Fol. en L Tr. belle épr.
2407 Suite de 13 p. (compris le titre) Scènes de la vie de N. S. d'apr. VAN ACH. 4. en H. Bonnes épr.
2408 Suite de 13 p. (compris le titre) la vie de la Vierge, d'apr. M. DE VOS. 4. en H. Belles épreuves.

SAENREDAM, JACQUES.

Nro. 2409 Johannes ab Ach; Fol. en H. Belle épr.

SAFTLEVEN, HERMANN.

2410 2 paysages: Le vaste pays et le laboureur; *P. G. Vol. I. Nro.* 18. et 19. P. trés rares et belles épr.

2411 2 autres: Les deux bateaux et la maison isolée; *Nro.* 20. et 21. Idem. Idem.

2412 Le grand arbre; *Nro.* 28. Sup. épr.

2413 La femme trayant la vache; *Nro.* 34. Tr. belle épr. avt. l'adr. de H. Allardt.

SAINT-NON, RICHARD, ABBÉ DE.

2414 Divertissement de paysans devant un Cabaret de village. Eauforte d'après BERNARD. 4. en L. Belle épr. avant l'inscription.

2415 Suite de 6 p. Monuments antiques près de Rome; grav. d'apr. les dessins de LE PRINCE. 4. en Ov. Belles épr.

2416 7 p. différ. Sujets, paysages, fabriques etc. Au lavis.

2417 15 p Id. Id. au trait.

2418 6 p. à l'aquatinta, dont 2 avec chevaux par *Billwiller.*

SALIMBENE, VENTURA.

2419 Ste. Anne et St. Joachim; *P. G. Vol. XVII Nro.* 1. Original et Copie. (La marge du bas coupée.)

SAN MARTINO, MARCO.

2420 Loth et ses filles; *P. G. Vol. XXI. Nro.* 3. Belle épr.

Nro. 2421 Le petit Moise; *Nro. 5.* Bonne épr.

2422 David, *Nro. 7.* Épr. endommagée.

2423 Mercure et Argus; *Nro. 19.* Bonne épr.

2424 Le groupe des vieillards; *Nro. 33.* Id.
Les estampes de ce maitre sont rares.

SANTIS, HORACE DE.

2425 La Ste. Famille, *P. G. Vol. XVII. Nro. 4.*
Belle épr. un peu endommagée.

2426 Crucifix; *Nro. 7.* Epr. avec l'adr. de Losi.

SAVRY, SALOMON.

2427 Vûe de la foire de la Vierge dell'impr. d'apr.
CALLOT. Fol. en L. Tr. belle épr.

2428 2 p. Entrées et Fêtes; Fol. en L. Belles épr.

SCACCIATI, ANDRÉ.

2429 9 p. Sujets de l'histoire sainte. Au Lavis. Fol.
en H. et en L. Belles épr.

SCHALHAS, CHARLES.

2430 12 p. Paysages et Vûes. Gravures à l'eauf.
en différ. formats. Belles épr.

2431 12 p. Idem. Idem. Idem.

2432 12 p. Idem. Idem. Idem.

2433 16 p. Idem. Idem. Idem.

2434 10 p. Vûes coloriées.

SCHALKEN, GODEFROY.

2435 Le portrait de G. Dow. Grav. spirituelle à
l'eauf. avec l'inscription: *Honoris ergo Prae-
ceptorem suum delineavit G. Schalken.* 4.
en H. Tr. belle épr.

SCHENK, PIERRE.

2436 2 p. L'adoration des bergers, et Portr. d'une
Dame. 4. en H. Man. noire. Belles épr.

SCHEYNDL, J. C.

Nro. 2437 4 petits paysages in 8. en L. Belles épr.

SCHIAVONETTI, LOUIS.

2438 Les princesses de Prusse, d'apr. TISCHBEIN.
Fol. en H. au pointillé. Tr. belle épr.

SCHINDLER, JEAN.

2439 Suite de 6 p. in 8. en L. avec titre: *Ver-
schiedene Blätter gezeichnet und geätzet
von Joh. Schindler.* 7 Est. Tr. belles épr.

2440 4 p. Paysages et vûes pittoresques; 4. en
L. Idem.

2441 6 p. Paysages et animaux; in Fol. en H. et en
L. litographiés.

2442 10 p. Etudes litographiées pour le paysage.
4. en L.

SCHLICHTEN et SCHLOTTERBECK.

2443 Grand paysage avec un répos sur la fuite en
Égypte. Grav. à l'aquatinta d'apr. CL. LOR-
RAIN. Fol. en L. Tr. belle épr.

SCHLOTTERBECK, W. F.

2444 Grand paysage, avec une halte de muletiers
prés d'une fontaine, d'apr. J. BOTH. A l'aquatinta. Fol. en L. Belle épr.

2445 Autre grand paysage, d'après LE MÊME. Fol.
en L. Epreuve avt. l. l.

SCHMIDT, GEORGE FRÉDÉRIC.

2446 Portrait de G. Parrocel; *Nro. 15. du Catalogue
de l'oeuvre de Schmidt, par Jacobi.* Belle épr.

2447 J. Bignon; *Nro. 20.* Idem.

2448 Anne de la Vigne; *Nro. 31.* Idem. Rare.

Nro. 2449 Le medecin Sylva; *Nro.* 52. Belle épr. Rare.

2450 Pierre Mignard; *Nro.* 59. Chef-d'oeuvre et trés belle épr.

2451 La reine de Pologne; *Nro.* 62. Idem. Rare.

2452 Antoine Pesne; *Nro.* 69. Belle épr.

2453 Portrait du Prince Esterhazy. *Nro.* 78. Epr. avec le poinçon.

2454 La même p. en meill. épr.

2455 Le professeur Busching; *Nro.* 90. Id. Id.

2456 La belle grecque; *Nro.* 95. Id. Id.

2457 Buste d'un oriental; *Nro.* 114. Idem.

2458 Buste de vieux guerrier; *Nro.* 116. Idem.

2459 Buste de Vieille; *Nro.* 119. Idem.

2460 Vieillard en persan; *Nro.* 120. Tr. belle épr.

2461 Vieillard à moustaches; *Nro.* 121. Belle épr.

2462 Jeune femme; *Nro.* 123. Tr. belle épr.

2463 Portrait d'un jeune Seigneur; *Nro.* 124. Tr. belle épr.

2464 Homme d'un age moyen, *Nro.* 125. Belle épreuve.

2465 Jeune fille avec chien; *Nro.* 126. Idem.

2466 La fiancée juive; *Nro.* 128. Tr. belle épr.

2467 Le père de la fiancée; *Nro.* 129. Idem.

2468 Vieillard à gr. barbe; *Nro.* 131. Idem.

2469 Le Comte Algarotti; *Nro.* 133. 3e Epr. Belle.

2470 Le Portrait de Schmidt; *Nro.* 134. Tr. belle épreuve.

2471 Portr. de Mad. Schmidt; *Nro.* 136. Belle épreuve.

2472 Le prince de Gueldres ménaçant son père; *Nro.* 137. Idem.

2473 Le médecin Lieberkühn; *Nro.* 138. Idem.

2474 Le patriarche Jacob: *Nro.* 139. Tr. b. épr.

Nro. 2475 Le portrait de Schmidt avec l'arraignée. *Nro.* 141. Belle épr.

2476 Portr. de Mad. Schmidt; *Nro.* 142. Idem.

2477 Le Portrait de Hirsch Michel; *Nro.* 144. Id.

2478 Portrait, dit la Princesse d'Orange, *Nro.* 147. Idem.

2479 Le jouaillier Dinglinger; *Nro.* 148. Idem.

2480 Portrait de Rembrandt; *Nro.* 151. Sup. épr.

2481 Le prince d'Orange et Cats, *Nro.* 152. Idem. Belle épr.

2482 Vieille mère de Rembrandt; *Nro.* 153. Belle épreuve.

2483 La même p. Superbe épr.

2484 L'Ecce homo; *Nro.* 159. Tr. belle épr.

2485 La résurrection de la fille de Jairo; *Nro.* 164. Belle épr.

2486 Vieillard dans la grotte; *Nro.* 166. Idem.

2487 La présentation au temple; *Nro.* 167. Id.

2488 Timoclée; *Nro.* 169. Idem.

2489 Loth et ses filles; *Nro.* 173. Tr. belle épr.

2490 Abraham et Sara, *Nro.* 175. Idem.

2491 La Ste. famille; *Nro.* 176. Idem.

2492 Tobie et sa femme; *Nro.* 177. Sup. épr. collée en dessin.

2493 Le Portrait de Schmidt, petit buste gravé au burin par Rode en 1753.

SCHMIDT, MARTIN JOSEPH.

2494 4 p. div. sujets de l'histoire sainte, d'après ses propres tableaux. Grav. à l'eauf. in 8. obl. en H. Belles épr.

2495 5 p. Idem. Idem. Idem.

Nro. 2496 8 p. Sujets mythologiques. 8. en H. Belles épreuves.

SCHMUTZER, JACQUES.

2497 Portrait du Prince Kaunitz ; d'apr. HAGENAUER. Epr. avt. les noms des artistes.

2498 Neptune et Thétis; d'apr. RUBENS. Fol. en H. Prem. et sup. épr.

2499 Sylène et sa compagnie; d'apr. LE MÊME. Fol. en H. Prem. épr. avec une seule ligne de titre.

2500 4 p. de l'histoire de Décius, par les Schmutzer et Müller. Belles épr.

2501 2 p. Idem.

2502 La femme de Rubens et ses enfans, d'apr. RUBENS. Fol. en H. Epr. avt. toutes lettres.

2503 St. Grégoire et l'Emp. Théodose, d'apr. RUBENS. Fol. en H. Epr. avt. l. l.

2504 Aigles et Tygres poursuivant leur proie; d'apr. RUTHARDT. Fol. en L. Prem. épr. avt. toutes l.

SCHOEDLBERGER, JEAN NÉPOM.

2505 3 paysages avec chûtes d'eau; Grav. à l'eauf. in 4. en H. Belles épr.

2506 2 autres avec Cascade et Ruines. 4. en L. Idem.

2507 2 autres dans la manière du GASPRE. Gr. in 4. en L. Idem.

SCHOENBERGER, LOUIS.

2508 6 p. Paysages avec bois, p. d'eau, cascades etc. gravures à l'eauf. in 12. en L. Belles épreuves.

Nro. 2509 5 p. pareilles, 8. en L. Idem.

2510 4 p. pareilles, 4. en L. Idem.

SCHOUTE.

2511 7 p. Vûes de Hollande, dont deux par Sibelius. 4. en L. Belles épr.

SCHUITZ, MATHIEU.

2512 Joueur de Cornemuse traversant un hameau et poursuivi des enfans du Village. Gravure à l'eauf. in 8. en H. Belle épr.

SCHUTZ, CHARLES.

2513 L'église de Ste. Etienne et 3 autres p. avec architectures. Fol. en H.

SCHULZE, CHRETIEN GODEFROY.

2514 La Ste. Vierge dite *di S. Sisto*, d'apr. RAPHAEL. Fol. en H. Epr. avt. l. l.

SCHUMANN, JEAN GEORGE.

2515 Le moulin de Blankenstein; d'apr. KLENGEL. 4. en L. Belle épr.

SCHUPPEN, PIERRE VAN.

2516 Franç. Van der Meulen, d'apr. LARGILLIÈRE. Fol. en H. Belle épr.

2517 Louis XIV. en buste; d'apr. MIGNARD. Fol. en L. Idem.

2518 2 Portraits: Louis XIV. et le Baron de Morainville; Fol. en H. Belles épr.

SCHUT, CORNEILLE.

2519 Les saints et saintes adorant la Vierge et l'enfant Jesus. Pet. in Fol. en H. Belle épr.

2520 Le triomphe de la paix. Pet. in Fol. en L. Idem.

SCIAMINOSSI, RAPHAEL.

Nro. 2521 Ste. Madelaine, *P. G. Vol. XVII. Nro.* 91. Belle épr. (La marge du bas coupée).

2522 La même p. Tr. belle épr. (Idem).

2523 La Vierge, St. Vincent et Ste. Catherine; *Nro.* 97. Tr. belle épr.

SEYFFER.

2524 Suite de 6 paysages d'apr. MOLITOR. *p.* 69. *Nro.* 1—6. Prem. et sup. épr.

SHARP, Wm.

2525 Robert Dundas, Lord-Président, d'apr. RAE-BURN. Fol. en H. Tr. belle épr.

2526 La sortie de Gibraltar. TRUMBULL. Gr. in Fol. en L. Sup. épr. à lettres ouvertes.

SIGRIST, F.

2527 2 p. Tobie; et le fumeur; Grav. à l'eauf. 4. en H. Belles épr.

SILVESTRE, ISRAEL.

2528 8 p. Vûes de Paris et une chasse aux cerfs. 4. en L. Belles épr.

SIMMONEAU, CHARLES.

2529 La Ste. famille, d'apr. CARRACHE. Fol. en H. Belle épr.

SIMMONEAU, PHILLIPE.

2530 Deux grandes frises imprimées sur la même feuille: L'enlevement des Sabines et la paix entre les Romains et les Sabines, d'apr. JULES ROMAIN. Bonnes épr.

SIMON, PIERRE.

Nro. 2531 Scène de Shakespeare; *Much ado about no-
thing. Act III. Sc. I.* w. PETERS. Fol. en H.
au pointillé. Belle épr.

SINZENICH, HENRI.

2532 3 p. Sophonisbe; Ste. famille et Femme assise. Grav. à l'eauf. in 4. en H. — Belles
épreuves.

SIRANI, ELISABETH.

2533 La Ste. Vierge; *P. G. Vol. XIX. Nro.* 1.
avec la Copie en contrepartie. Deux est.

2534 La Ste. Famille; *Nro.* 3. Belle épr.

2535 Répos en Egypte; *Nro.* 4. Idem.

2536 Notre Dame de douleurs; *Nro.* 7. Idem.

2537 Ste. famille; *Nro.* 8. Idem.

SIRANI, JEAN ANDRÉ.

2538 Lucrèce; *P. G. Vol. XIX. Nro.* 1. Prem.
épreuve.

2539 Appollon et Marsias; *Nro.* 2. Belle épr.

SMEES, J.

2540 Différens paysages avec ruines et fabriques,
Suite de 5 p. *P. G. Vol. IV. Nro.* 1—5. Belles épr.

SMITH, JOHN.

2541 La Vierge ayant l'enfant Jésus sur ses génoux; d'apr. SCHIDONE. 4. en H. Man. noire
1700. Tr. belle épr.

2542 La Ste. famille, avec des anges qui offrent
les instrumens de la passion à l'enft. Jésus
d'apr. CH. MARATTE. Fol. en H. Id. 1707. Id.

SMITH, JEAN RAPHAEL.

Nro. 2544 La famille d'Orange-Nassau. TISCHBEIN. Man.
noire, in Fol. en L. Epr. avt. l. l.

SNYERS, HENRI.

2545 La Vierge et l'enft. Jésus, d'apr. VAN DYCK.
Fol. en H. Tr. belle épr.

SOLE, JEAN JOSEPH DAL.

2546 Les anges; *P. G. Vol. XIX. Nro.* 2. Belle
épreuve.

SOUTMANN, PIERRE.

2547 2 p. Jean et L. Christine de Brederode, d'apr.
HONDTHORST. Fol. en H. dans des ovales. Belles épr.

SOYE, PHILIPPE DE.

2548 St. Jérôme, d'apr. MUTIEN. Fol. en H. Epr.
avt. toute lettre.

SPECCHI, ALEXANDRE.

2549 Vûe du Colisée à Rome. Fol. en L. Bonne
épreuve.

2550 15 p. Vûes de l'église St. Pierre et de diff.
autres édifices de Rome. Gr. Fol. en L.
Belles épr.

SPRUYT, E. P.

2551 Paysage appellé en Hollande: *La campagne
de* TENIERS. Sur le devant cet artiste appuyé
sur un long baton et entouré de deux dames,
d'un garçon et d'un chien. Dans le fond la
vûe d'un village. Grav. à l'eauf. in 8. en H.
Belle épr.

Nro. 2552 Autre paysage avec rivière occuppant le devant de la pl. et portant une nacelle avec trois hommes; d'apr. VAN GOYEN. 4. en L. Idem.

STARCK, C.

2553 4 p. paysages in 8. en L. dont deux d'apr. MOLITOR. Belles épr.

2554 4 autres, avec intérieurs de fôrets; 4. en L. Tr. belles épr.

2555 Paysage avec troupeau près d'un moulin à eau. Idem. Idem.

STEEN, FRANÇOIS VAN DEN.

2556 L'amour taillant son arc. LE CORRÈGE. Fol. en H. Belle épr.

STELLA, CLAUDINE.

2557 10 p. Pastorales et sujets champêtres J. STELLA. 4. en L. Anc. et belles épr.

STELLA, JACQUES.

2558 15 p. au trait, Etudes de têtes et de figures. 4. en H.

STOELZEL, CHR. FRÉDERIC.

2559 Le sage, *der Weise*. SCHENAU. Fol. en H. Bonne épr.

STOOP, DIERH.

2560 Suite de 12 chevaux et figures; *P. G. Vol. IV. Nro.* 1—12. Belles épr. dont plusieurs avant les Nros.

2561 3 p. dont deux de la suite précédente *Nro.* 3. et 5. et l'échoppe d'un barbier turc, par *Corn. de Wael.*

STORER, CHRIST.

Nro. 2562 Bacchanale, grav. à l'eauf. **Morceau rare,** *Rigal p. 472.* Tr. belle épr.

STRADA, VESPAS.

2563 La Vierge et Ste. Catherine; *P. G. Vol. XVII. Nro.* 17. Epr. médiocre *avec l'adresse de N. van Aelst* en dedans du trait.

2564 La même p. Très belle épr. avant cette adresse.

STRANGE, ROBERT.

2565 Joseph et la femme de Putiphar, d'apr. LE GUIDE. Fol. en H. Trés belle épr.

2566 2 p. La Ste. Vierge et l'ange Gabriel; d'apr. LE MÊME. Belles épr.

2567 Le sommeil de l'enft. Jésus; d'apr. CH. MARATTE. Fol. en H. Idem.

2568 Te deum laudamus; d'apr. LE MÊME. Id. Id.

2569 Le Christ apparaissant à sa mère; d'apr. LE GUERCHIN. Idem. Idem.

2570 Ste. Cécile, d'apr. LE DOMINIQUIN. Id. Id. La marge d'en bas coupée.

2571 La Madelaine se dépouillant de ses richesses, d'apr. LE MÊME. Fol. en H. Belle épr.

2572 Les enfans de Charles I. d'apr. VANDYCK. Fol. en L. Tr. belle épr.

2573 Belisaire; d'apr. SALV. ROSA; Fol. en H. Id.

2574 Cléopatre mettant l'aspic à sa poitrine; d'apr. LE GUIDE. Fol. en H. Idem.

2575 Appollon recompensant le mérite; d'après SACCHI. Idem. Belle épr.

2576 Hercule entre la vertû et le vice; d'apr. N. POUSSIN. Idem. Tr. belle épr.

*

Nro. 2577 Didon se tuant sur le bucher. LE GUERCHIN Fol. en L. Très belle épr. traversée d'un pli.

2578 Venus parée par les grâces; d'apr. LE GUIDE. Idem. Idem.

2579 Venus aveuglant Cupidon; d'apr. LE TITIEN. Fol. en L. Idem.

2580 Les prémices de l'Amour; d'apr. LE GUIDE. Idem. Idem.

2581 Cupidon endormi; d'apr. LE MÊME. Id. Id.

2582 2 p. Venus et Danae; d'après LE TITIEN. Idem. Idem.

2583 La douceur et la Justice; d'apr. RAPHAEL. Fol. en H. Idem.

2584 La fortune; d'apr. LE GUIDE. Idem. Idem.

2585 Liberality and Modesty; d'après LE MÊME. Idem. Idem.

2586 La Maitresse du Parmesan; d'apr. LE PAR-MESAN. Idem. Idem.

SUBLEYRAS, PIERRE.

2587 N. S. á table chez Simon le pharisien , P. SUBLEYRAS *inv. pinx. et Sc.* Fol. en L. Tr. belle èpr.

SUYDERHOEF, JONAS.

2588 2 portraits, D. Heinsius et Abr. Heydanus. Fol. en H. Belles épr.

2589 2 autres, Sam. Ampzingius et Jean Hoorn-beck, Idem. Idem.

2590 2 autres, Dav. Nuyts et Wickenbourg, Idem. Idem.

2591 4 p. Portraits de princes et princesses de Nassau; d'apr. HONDHORST. Fol. en H. dans des ovales entourés de génies. Belles épr.

Nro. 2592 Frànçois de Moncada, d'apr. VANDYK. Fol.
en H. Tr. belle épr.

2593 5 p. différents Portraits, 4. et fol.en H.

2594 Les 3 vieilles commères. OSTADE. Belle épr.

2595 La même p. Idem.

2596 Les joueurs de trictrac. OSTADE. Fol. en H.
Belle épr. avec l'adr. de N. Visscher.

2597 2 p. Le Coup de couteau et un autre.

2598 Danse] de paysans dans une auberge, d'apr.
OSTADE. Fol. en H. Belle épr.

2599 Combat de paysans dans un cabaret, d'apr.
LE MÊME. Fol. en H. Deux-epreuves; La première avec l'adr. de *Cl. de Jonghe*; (endommagée) La seconde avec celle de *Fr. de Wit.*
Belle épreuve.

2600 Autre Combat de paysans. SACHTLEVEN. Fol.
en L. Bonne épr.

2601 Les plénipotentiaires assemblés à Munster
pour la paix de Westphalie, d'apr. TERBURG.
Fol. en L. Anc. et tr. belle épr.

2602 4 p. Différens Sujets par Suyderhoef, Os-
senbeck et autres.

SWANEVELT, HERMANN.

2603 24 p. Vùes prises dans les environs de Rome. Pet. p. dans des ovales. *P. G. Vol. II.
Nro.* 1 — 24. Belles épr.

2604 4 p. différ. animaux: les ânes; les beliers;
Les chevres d'Angora, et les cochons; *Nro.*
28, 29, 31 et 32. Idem.

2605 3 p. Le pont de pierre (Est. répétée) *Nro.* 6.
St. Jean Bapt. *Nro.* 34. Campagne de Rôme.
Nro. 40.

Nrō. 2606 4 p. Vûes de Rôme; *Nro.* 53, 61, 62 et 64. Le *Nro.* 61. en seconde, les trois autres en premiêres épr.

2607 2 p. Satyres conduisant un troupeau, *Nrc.* 49, Prem. épr. — Élie, *Nro.* 69 Épr. moderne.

2608 3 p. Pan et Syrinx — et Salmacis et Hermaphrodite; *Nro.* 70 et 71. De cette dernière p. deux épr. La première avec et la seconde sans l'adresse de Rossi.

2609 4 p. Suite de quatre paysages, *Nro.* 77—80. Le *Nro.* 79 en premièrc, les autres en secondes épr.

2610 2 p. Le coucher du soleil et le pont de bois; *Nro.* 81 (en sec. épr.) et *Nro.* 82. (en prem. épr.)

2611 10 p. de la suite de 12 paysages *Nro.* 83— 94. (manque ici le *Nro.* 85 ct le *Nro.* 88.) Prem. et sup. Epr.

2612 3 paysages; Sujets de Mercure et Battus; *Nro.* 95 (en double) et 96. Epr. ôu les adresses sont effacées.

2613 4 paysages ôu le sujet de la fuite en Égypte est différement représenté, *Nro.* 97—100. Prem. Épr. avec les mots *et excudit cum privilegio regis.*

2614 6 paysages avec l'historie d'Adonis *Nro.* 101—106. Bonnes épr. quoique les mots *et excudit* soient èffacés.

2615 4 paysages, Lieux solitaires avec des pénitens *Nro.* 107—110. *Nro.* 107 et *Nro.* 110. *en prem. épr.*

2616 4 paysages en hauteur avec figures et animaux; *Nro.* 112—115. Premiéres Epr. à l'exception du *Nro.* 113 qui s'y trouve avec l'adr. de Bonnart.

SZYMON, G.

Nro. 2617   7 p. Sujets de la fable (dont quelques uns en double) L. BALDI. Longues Frises en L. Epr. médiocres.

TARDIEU, NICOLAS.

2618   4 p. de l'histoire de Constantin, d'apr. RUBENS p. 216. *Nro.* 13, (1. 6. 7. 14.) Belles êpr.

2619   Junon dans les nûes; d'apr. COYPEL. Fol. en L. Belle épr.

2620   L. A. de Pardaillan de Gondrin, d'apr. RIGAUD Fol. en L. Belle épr.

TARDIEU, PIERRE ALEXANDRE.

2621   Portrait de G. Dow. d'apr. DOW. Fol. en H. Epr. avt. l. l.

TASSAERT, PIERRE JOSEPH.

2622   La Ste. Vierge tenant l'enfant Jésus débout sur ses génoux. D'apr. C. DOLCE. Fol en H. Man. noire. Tr. belle épr.

TENIERS, DAVID.

2623   Fête et danse flamande; *Rigal Nro.* 1. Bonne épr.

2624   2 p. Divertissements de paysans *Nro.* 39 et 40. Belles épr.

TESTA, PIERRE.

2625   Portrait de l'artiste; *P. G. Vol. XX. Nro.* 1. Belle épr.

2626   2 p. Abraham *Nro.* 2. Belle épreuve; et l'adoration des mages, *Nro.* 3. Epr. foible.

2627   L'adoration de la croix; *Nro.* 4 Belle épr.

Nro. 2628 4 p. de l'histoire de l'enfant prodigue *Nro.*
5—8. Bonnes épr.

2629 St. Roc et St. Nicolas, *Nro.* 13. Epr. et Contre Epr. Deux est.

2630 2 p. La Ste. famille, *Nro.* 9. Epr. avec l'adr. de
Mauperché; et St. Erasme, *Nro.* 14. Bel-
le épr.

2631 Les Sept Sages, *Nro.* 18. Bonne épr. et
Sinorix, *Nro.* 19. Epr. foible.

2632 Achille enfant plongé dans un Vase, *Nro.*
21. Belle épr.

2633 Achille trainant le Corps d'Hector, *Nro.* 22.
Bonne épr.

2634 Le sacrifice de Diane; *Nro.* 23. Bonne épr.|

2635 Venus et Enée, *Nro.* 24. Idem.

2636 L'Academie de peinture; *Nro.* 34. Idem.

2637 3 p. différens Sujets.

TESTA, JEAN CÉSAR.

2638 Le répos en Egypte et le Corps mort de
N. S. pleuré par des anges. PIERRE TESTA. 4.
en L. Grav. à l'eauf. Bonnes épr.

2639 2 p. L'education d'Achille et la mort de
Didon. P. TESTA. Fol. en L. id.

2640 2 p. Titus et p. allegorique. id. id.

2641 2 p. La Communion de St. Jerôme; et le Parnasse.

THIELE, ALEXANDRE.

2642 5 p. Paysages et vûes de l'Elbe, Grav. à
L'eauf. 8. en Tr. Belles épr.

THIER, B. H.

2643 Berger assis sur un tertre à coté de son
troupeau. *Rigal page* 367. Belle épreuve.

THOMASSIN, SIMON H.

Nro. 2644 Diogène assis dans un paysags et tenant un medaillon avec le portrait du Cardinal de Fleury. AUTREAU et RIGAUD. Fol. en L. Belle épr.

THULDEN, THÉODORE VAN.

2645 Les travaux d'Ulysse; 58 p. avec titre et préface. 4. en L. Belles épr.

TIÉPOLO, JEAN BAPTISTE.

2646 4 p. Ste. famille et trois diff. fuites en Egypte. 4. en L. Bonnes épr.
2647 4 autres fuites en Egypte. id.
2648 4 autres id.
2649 18 p. Vari capricci; div. formats. Idem.

TISCHLER, ANTOINE.

2650 La fuite en Egypte. D. FETI. Fol. en L. Belle épr.

TOFANELLI, ANDRÈ.

2651 Le tems passant un fleuve avec Auguste et Cleòpatre; gravé sous la direction de Raph. Morghen d'apr. ELIS. SIRANI. Fol. en L. Tr. belle épr.

TOMBA, JULES.

2652 La folie, d'apr. LOUIS CARRACHE. Fol. en L. au pointillé. Tr. belle épr.
2653 L'ecole de dessin de Rosaspina. GIANI. Fol. en L. Belle épr.

TORRE, FLAMINIO.

Nro. 2654 Samson. *P. G. Vol. XIX. Nro.* 1. Belle épr.

2655 La Vierge, St. Jeròme et S. François. *Nro.* 3.
Idem.

2656 L'amour et Pan; *Nro.* 6. Idem.

TOWNLEY, CHARLES.

2657 Portrait de Leon. da Vinci, d'apr. lui-mè-
me. Fol. en L. Man. noire. Sup. épr.

2658 Mr. Percival Pott, d'apr. Reynolds. Id. Id.
Belle épr.

TRABALLESI, JULIEN.

2659 9 p. Sujets de l'histoire sainte, d'apr. diff.
maitres. Fol. en H. Belles épr.

TRIVA, ANTOINE.

2660 Susanne surprise au bain; *P. G. Vol. XIX.
Nro.* 1. Belle épr.

2661 Répos en Egypte. *Nro.* 2. Tr. belle épr.

2662 Piéce allégoriqne, *Nro.* 4. Belle épr.

TROGER, PAUL.

2663 6 p. différents sujets; gravures á l'eauf. 8.
Belles épr.

2664 5 p. Idem. 4. Idem.

2665 3 p. Idem. fol. Idem.

TROUVAIN, ANTOINE.

2666 N. S. guérissant les aveugles, d'apr. COIPEL.
Fol. en L. Tr. belle épr.

UDEN, LUCAS VAN.

Nro. 2667   3 paysages; Le porcher *P. G. Vol. V. Nro.*
19 Epr. sans *Nro.* — Le canal Nr. 25. —
Le joueur de flûte, *Nro.* 32 — Belles épr.

2668   Pays vaste vû par un tems de pluie; *Nro.* 47.
Epr. où l'on ne voit que les lettres L. W.
légèrement tracées dans le coin gauche d'en
bas. Le P. Graveur ne cite point cette
épreuve.

UMBACH, JONAS.

2669   4 p. Sujets de l'histoire Sainte, Grav. à l'eauf.
in 8. en H. et L. Belles épr.

2670   4 autres, Idem. Idem. Idem.

2671   4 autres, Idem. Idem. Idem.

2672   4 autres, Idem. Idem. Idem.

2673   4 autres, Idem. Idem. Idem.

2674   4 autres, Idem. Idem. Idem.

2675   4 autres, Idem. Idem. Idem.

2676   4 autres, Idem. Idem. Idem.

2677   4 autres, Idem. Idem. Idem.

2678   5 autres; Idem. Idem. Idem.

2679   6 p. Sujets mythologiques et autres; Idem.
Idem.

2680   8 autres, Idem. Idem. Idem.

2681   8 autres, Idem. Idem. Idem.

2682   8 autres, Idem. Idem. Idem.

2683   11 autres, Idem. Idem. Idem.

2684   10 paysages, avec titre: *Jonas Umbac in
Augspurg* 1678. Idem. Idem.

UYTENBROUCK, MOISE VAN.

2685   Agar au desert; *P. G. Vol. V. Nro.* 5. Seconde épr. Belle.

Nro. 2686 Abraham et Isac. *Nro.* 9. Epreuve avec le chiffre 4. en bas, sous le pied droit d'Abraham.

2687 3 p. de l'histoire de Tobie, savoir *Nro.* 13. Epr. avec l'année 1646 (le 4 à rebours) en bas de la droite, et *Hondius excud.* 1646 dans le coin gauche d'en haut; — *Nro.* 14. et *Nro.* 16. — Bonnes épr.

2688 2 p. de la fable d'Argus; *Nro.* 19 et 21. La dernière p. endommagée.

2689 Appollon gardant le troupeau d'Admète. *Nro.* 26. 1ᵉ Epr. avant les inscriptions.

2690 Bachus et Ariadne. *Nro.* 30. Vers le bas de la droite, aux pieds d' Ariadne: *M. V-Wtenbrouck f. Joannes Day Exc.*

2691 Les ânes; *Nro.* 44. Epr. un peu endommagée.

2692 La femme et les trois enfants. *Nro.* 46. Epr. post. portant l'adresse de *Joannes Day* au lieu de celle indiquée au Peintre - Graveur.

2693 La tour ronde; *Nro.* 54. Epr. avec l'inscription. *M. V. Wtenbrouck f.* vers la droite d'en bas.

VAILLANT, JEAN.

2694 4 paysages avec forêts, cabanes, ponts etc. Grav. à l'eauf. in 8. en Tr. Epr. avec l'adr. de Furst.

VALESI, DYONISE.

2695 L'amphitéatre ou l'arène de Verone. CRISTOFALI. Gr. morceau de 2 feuilles.

Nro. 2696   2 p. St. Vincent et St. Christophe. Ce dern. par Zucchi. Fol. en H. Belles épr.

VALLET, GUILLAUME.

2697   Louis Ant. de Noailles; d'apr. PAILLÉT. Fol. en H. Belle épr.

VANNI, JEAN BAPTISTE.

2698   Les noces de Cana. P. VERONÈSE. *P. G. Vol. XX. Nro.* 17. C'est ce Morceau qu'il a execu-té avec le plus de soin. Belle Epr.

2699   La même sujet, gravé par I. B. Scaluinoni. Fol. en L. Epr. endom.

VAROTARI, DARIUS.

2700   Portrait d'un jeune homme, vû à mi-corps dans un ovale. Le morceau d'étoffe qui en-toure son corps laisse voir sa poitrine et sa main gauche. A la droite d'en bas: *Alex. Varot. patre pictore* et à la gauche d'en bas : *Darius Varotarius excudit.* H. 6. p. 1 l. — L. 4 p. 8 l. — Ce morceau, gravé à l'eauf. melée de travaux de burin, n'est point décrit au Pre. Graveur.

VASI, JOSEPH.

2701   3 p. Les cascades de Tivoli et l'eglise St. Pierre. Fol. en L. Belles épr.

VEITH. JEAN PHILIPPE.

2702   4 p. Paysages et Vûes près de Dresde, 4. en L. Belles épr. dont deux avt. l. l.

VELDE, ADRIEN VAN DE.

2703   10 p. différentes prairies avec figures et ani-maux. *P. G. Vol. I. Nro.* 1—10. *Prem. et*

tr. belles épr. avec l'adr. de Just. Danc-
kers.

Nro. 2704 La vache et les deux moutons; *Nro.* 11.
Belle Copie en contrepartie, marquée en bas
de la gauche. *A. V. V. D.*

2705 Le berger et la bergère *Nro.* 17. P. rare et
très belle épr.

2706 L'enfant prodigue gardant les cochons; Grav.
à l'eauf. d'apr. A. v. d. Velde. sans nom de
graveur. 4. en L.

VELDE, JEAN VAN DEN.

2707 2 p. Tobie et l'ange; et le bon Samaritain
4. en H. et L. Bonnes épr.

2708 2 p. Paysages avec troupeaux. 4. et 8. Bonnes épr.

2709 L'Etoile des Rois; d'apr. P. DE MOLYN. Morceau d'un effet de nuit piquant. 4. en H. Tr.
belle épr.

2710 6 p. différens paysages; 4. en L.

2711 Suite de 4 p. les élémens; d'apr. BUYTENWECH.
4 en L. Belles épr.

2712 Suite de 4 p. Les saisons. Fol. en L. Idem.

2713 Suite de 12 p. Les mois de l'année. Idem. Idem.

VENTURINI, JEAN FRANÇOIS.

2714 5 p. Sujets l'histoire et de la fable. d'apr.
POLIDORE. 8. en H. Bonnes èpr.

2715 Diane et ses nymphes, d'apr. LE DOMINIQUIN.
Fol. en L. Belle épr.

VERKOLJE, JEAN.

2716 Portrait d'un écclesiastique, avec inscription
en hébreux. 4. en haut. Man. n. Belle épr.

VERMEULEN, CORNEILLE.

2717 Maria Luissa de Tassis, d'apr. VANDYCK. Fol. en H. Belle épr.

2718 Nicol. Van der Borcht: d'apr. LE MÊME. Idem. Idem.

2719 Joseph Roettiers, d'apr. LARGILLIERE. Idem. Idem.

VERMEYEN, JEAN CORNELISZ.

2720 Buste d'une femme de moyen âge vû de face le regard tourné vers la gauche, la tête couverte d'un voile. En haut de la gauche le monograme et l'année 1545. Gravure à l'eauforte *dont Brouillot Table générale Section II. p.* 639—641. *Nro.* 1410 *ne fait pas mention.* H. 8. p. L. 6. p. 10 l. Rare.

VIANI, DOMINIQUE MARIE.

2721 St. Joseph. *P. G. Vol. XIX. Nro.* 1. P. rare.

VICO, ENÉE.

2722 Le passage de l'Elbe; *P. G. Vol. XX. Nro.* 18. Sec. épr.

2723 Pan et Olympe; Fol. en H. *Nro.* 22. Bonne épreuve.

2724 La déesse Flore; *Nro.* 23. Prem. épr. avec l'adresse: *Ferrando Berteli Excudebat,* gravée à la droite d'en bas.

2725 Venus et l'Amour; *Nro.* 24. Seconde épr. Endommagée.

2726 Les fêtes de Bacchus; *Nro.* 33. Bonne épr.

2727 La femme au pigeon; *Nro.* 45. *Copie.* Belle épreuve.

VIEIRA, PTOLOMÉE.

Nro. 2728 Les parques coupant le fil de vie d'un homme malade. Gravure à l'eauf. in Fol. dans
un rond. Belle épr.

VILLAMENA, FRANÇOIS.

2729 La descente de croix, d'après LE BARROCHE.
Fol. en H. Epr. avt. l'adresse de Rossi.

2730 2 p. St. Jérome et la Madelaine, 4. en H.
Bonnes épr.

2731 La présentation; St. François et une autre p.
Bonnes épr.

VISCHER, CORNEILLE.

2732 La fricasseuse; *Nro.* 14. *du Catalogue de
Basan.* Epr. sans le nom d'éditeur.

2733 Portrait de Vondel, *Nro.* 15. Epr. médiocre.

2734 3 p. Le coche volé; le coup de pistolet; le
Four; *Nro.* 18. Belles épr.

2735 2 p. Les copies des deux prem. morceaux,
gravées de même grandeur en contrep. par
B. Stopendael. Belles épr.

2736 Les paysans à la tabagie; *Nro.* 23. Epr. avec
les noms.

2737 Buste de femme; d'apr. LE PARMESAN. *Nro.*
28. Très belle épr.

2738 3 p. La femme avec le troupeau, *Nro.* 32.
Chevaux dans une écurie d'auberge, *Nro.*
33. et le Maréchal ferrant, *Nro.* 34. Belles
épreuves.

2739 4 p. Portraits de princes et princesses de
Nassau *Nro.* 35—37. et 39. Belles épr.

2740 4 p. pareilles; *Nro.* 40. 42. 43. et 45. Id.

2741 Portrait du pape Alexandre VII. Belle épr.

VISCHER, JEAN.

Nro. 2742   2 p. Intérieurs avec amusements rustiques, d'apr. OSTADE. Belles épr.

2743   Suite de 4 p. Le bénédicité; Fumeur assis; Buveur assis et fumeur debout, d'apr. BROWER. Grav. à l'eauf. 4. en H. Belles épr.

2744   Suite de 12 paysages, Vûes de la Hollande, d'apr. VAN GOYEN. 4. en L. Belles épr. dont quelques - unes endommagées.

2745   L'Amiral Abr. van der Hulst; Fol. en H. Belle épr.

VITALI, PIERRE.

2746   Venus caressant l'Amour, d'apr. LE GUIDE. Fol. en H. Belle épr.

2747   Venus désarmant Cupidon; d'apr. CALLIARI. Idem. Tr. belle épr.

2748   Danaé, d'après LE TITIEN. Epr. avt. toutes lettres.

VIVARES, FRANÇOIS.

2749   4 paysages grav. à l'eauf. in 8. en L. Belles épreuves.

2750   Suite de 4 paysages, d'apr. G. POUSSIN. Pet. in Fol. en L. Belles épr.

2751   Paysage avec trois hommes en conversation sur les bords d'une p. d'eau, d'apr. WOOTON. Fol. en L. Tr. belle épr.

2752   Paysage avec bourrasque; d'apr. G. POUSSIN. Fol. en L. Belle épr.

2753   Paysage agreste, d'apr. MARTORELLI; Id. Id.

2754   Le matin; *The morning*; d'apr. A. CUYP. Pet. in Fol. en L. Idem.

Nro. 2755 Paysage in Fol. en L. d'apr. LAMBERT. Belle épreuve.

2756 Paysage avec troupeau s'avançant vers les ruines d'un temple situé sur la gauche; d'apr. CL. LORRAIN. Tr. belle épr.

2757 Paysage avec paysanne à cheval; d'apr. ZUCCARELLI. Fol. en L. Belle épr.

2758 Paysage avec femme conduisant un garçon, d'apr. GAINSBOROUGH. Idem. Idem.

2759 Paysage; les amans champêtres, d'apr. LE MÊME. Idem. Idem.

2760 Paysage avec restes d'un ancien temple sur la gauche; d'apr. PATEL. Fol. en L. Tr. Belle épreuve.

2761 Autre avec un homme qui, assis à la droite, pêche à la ligne; d'apr. LE MÊME. Id. Id.

2762 Vûe de Tinmouth-Castle; d'apr. SMITH. Fol. en L. Belle épr.

2763 Paysage, d'apr. G. POUSSIN; Nro. 18. Fol. en L. Tr. belle épr.

2764 Danse de bergers; d'apr. un tabl. de CL. LORRAIN, du palais Pamfili. Idem. Idem.

2765 Sacrifice au temple d'Appollon; Idem. Idem. Idem.

VLIEGER, SIMON DE.

2766 Intérieur de forêt; *P. G. Vol. 1. Nro. 3.* Bonne épr.

2767 Le transport des blés, *Nro. 5.* Belle épr.

2768 Le bois près du Canal; *Nro. 6.* Bonne épreuve.

2769 La même p.

Nro. 2770 3 p. de la Suite des différens animaux, savoir: les levriers, *Nro.* 11. et 12. et les dindons, *Nro.* 18. Belles épr.

VOLPATO, JEAN.

2771 La Vierge et l'enfant Jésus d'apr. FRA BARTHOL. DI S. MARCO. Fol. en H. Tr. belle épr. (Apud Volpato.)

2772 Le Christ au jardin des olives, d'apr. LE CORRÈGE. Fol. en L. Tr. belle épr.

2773 La mise au tombeau; d'apr. RAPHAEL. Fol. en H. Tr. belle épr.

2774 2 p. Les prophètes Joel et Zacharie; d'apr. MICH. ANGE. Idem. Belles épr.

2775 2 p. Sybilles; d'apr. LE MÊME. Idem. Idem.

2776 2 p. des peintures du Vatican. RAPHAEL. Fol. en L. Belles épr.

2777 2 Paysages; Répos en Egypte et le temple de Delos. CL. LORRAIN. Fol. en L. Belles épr.

2778 L'écôle d'Athènes. RAPHAEL. Fol. en L. Belle épreuve.

2779 La dispute du St. Sacrement. Id. Id.

2780 Heliodore chassé du temple; Id. Id.

2781 Attila arrêté à la vûe de St. Pierre et St. Paul. Idem. Idem.

VORSTERMANN, LUCAS.

2782 Portrait du Comte P. B. de Fontaine. Fol. en H. Belle épr.

2783 La Ste. Vierge, l'enfant Jésus, Ste. Elisabeth et St. Jean Baptiste, d'apr. RAPHAEL. Id. Id.

2784 Le satyre chez le paysan, d'apr. JORDAENS. *Nro.* 25. Epr. avt. l'adresse.

Nro. 2785 Le Combat des Amozones, d'apr. RUBENS, *p*, 105. *Nro.* 1. Grand morceau de 6 feuilles collées ensemble. Tr. belle épr.

VOUET, SIMON.

2786 La Ste. Vierge et l'enfant Jésus, auquel St. Joseph présente un oiseau. Gravure à l'eauf. in 4. en L. Belle épr.

VOYEZ, NICOLAS JOSEPH.

2787 St. Sébastien après son martyre, d'après BLANCHARD. Fol. en L. Belle épr.

WAEL, CORNEILLE DE.

2788 Les cinq sens (manque le goût *Nro.* 4.) Grav. à l'eauf. petit in Fol. en L. Belles épr. Quatre Est.

WAGNER, JOSEPH.

2789 Charles Broschi dit Farinelli, couronné par la musique; d'apr. Amiconi. Fol. en H. Belle épr.

2790 3. p. Sujets Saints. Fol. en H.

2791 4 p. Idem. Idem.

2792 2 p. Idem. Idem. Trés belles épr.

WATERLOO, ANTOINE.

2793 Les deux paysans; le batiment ruiné, *P. G. Vol. II. Nro.* 1. et 2. Le premier avant un *Nro.* 8. le second avec un *Nro.* 7. au haut de la droite. Belles épr. (Nous y avons joint les copies, gravées dans le même sens par François Sack.) Quatre Est.

2794 Suite de 4 p. Le rocher, l'Ermitage, la Cascade et le petit pont, *Nro.* 3—6. Belles épr. avt. l'adr. d'Ottens.

Nro. 2795 Suite de 12 p. Le retour du pecheur; les voyageurs; le puits; le moulin; l'Eglise; la tour; les pecheurs; les paysans; le chariot; l'echelle; *le belier, le mouton et le bouc*; les deux tours; *Nro.* 7—18. Prem. Epreuves avant le changement des Numéros.

2796 2 p. L'entrée du bois et l'écluse. *Nro.* 19 et 20. Au premier un *Nro.* 12.

2797 Suite de 12 p. Les planches; la cimetière; la chaumière; le clocher; le départ; les vaches; le voyageur; le troupeau; le hameau; les paysans; la guérite; les quatre hommes; *Nro.* 21—32. Anc. et belles avt. l'adr. d'Ottens.

2798 5 p. Les deux voyageurs; la femme; le troupeau; les garçons; les pâtres; *Nro.* 33—37. Anc. et tr. belles épr.

2799 2 p. La chaumière et la nuit claire; *Nro.* 39. et 40. Ce dern. avt. le *Nro.* 5.

2800 Suite de 6 p. Entrée d'un bois; l'homme et son chien; l'homme au manteau; la porte; le petit pont; les voyageurs; *Nro.* 41—46. Anc. et belles épr.

2801 Suite de 6 p. Les ermites; l'anier; le dormeur; la rivière; la chapelle; le pont; *Nro.* 47—52. Anc. et t. bs belles épr.

2802 Suite de 6 p. Le voyageur; la maison; le bois; les deux hommes; le bois dans la rivière; l'arbre crû de biais; *Nro.* 53—58. Idem. Idem.

2803 Suite de 6 p. Le petit pont; le voyageur; les 3 garçons; l'allée; les cavaliers; les 2 garçons; *Nro.* 59—64. Id. Id.

Nro. 2804 Suite de 6 p. Le portefaix; le chemin: les allées; la monticule; le paysan; la laitière; *Nro.* 65—70. Idem. Idem.

2805 Suite de 6. p. La double cascade; la triple cascade; le rocher; le pays désert; la chûte d'eau; les chaumières; *Nro.* 71—76. Id. Id·

2806 Suite de 6 p. Le dôme; le petit pont; la mère; les traqueurs; le berger; le vacher; *Nro.* 77—82. Id. Id.

2807 Suite de 6 p. Le groupe de quatre arbres; les chasseurs; la crépuscule; les baigneurs et la famille; *Nro.* 83—88. Idem. Idem.

Les trois suites précédentes sont rares, les planches n'en étant plus dans le commerce.

2808 Suite de 6 p. Les deux chemins; Vûe d'une ville; le canal; la colline; la vallée; le moulin; *Nro.* 89—94. Anc. et belles épr.

2809 Suite de 12 p. L'auberge; la ville; les ponts; les voyageurs; l'allée; la grande porte; les deux ponts; le troupeau; le moulin; le fauconnier; le répos; le bout de bois; *Nro.* 95—106. Anc. et bonnes épr. (Les planches n'en sont plus dans le commerce).

2810 Suite de 6 p. Le petit pont; les parties de bois; le ruisseau; le paysan; le voyageur; les deux hommes; *Nro.* 107—112. Anc. et tr. belles épreuves (à l'exception du *Nro.* 109. dont l'épr. est médiocre.)

2811 Suite de 6 p. Le tilleul; la paysanne; le chemin; la ferme; le cavalier; le berger; *Nro.* 113—118. Anc. et tr. belles épr.

Nro. 2812 Suite de 6 p. Le moulin; le chien; le bos-
sû; la mère; les voyageurs; le pont; *Nro.*
119—124. Id. Id. (les deux premiers morceaux ont des taches).

2813 Suite de 6 p. ornés d'épisodes tirés de la
fable; *Nro.* 125—130. Anc. et sup. épr.

2814 Suite de 6 p. ornés d'épisodes tirés de l'ancien testament. *Nro.* 131—136. Id. Id. à l'exception du *Nro.* 133. qui s'y trouve foible
d'épreuve.

2815 Paysage avec ruisseau dans une forêt; p.
douteuse, *page* 139.

Doublettes.

2816 7 p. *Nro.* 7. 8. 10. 14. 15. 16. 18. Anc. épr.
avant le changement des Numéros.

2817 5 p. *Nro.* 31. 33. 53. 57. 68. Anc. épr.

2818 7 p. *Nro.* 72. 73. 75. 91. 92. 94. 100. Id.

2819 4 p. *Nro.* 108—111. Bonnes épr.

2820 4 p. *Nro.* 114. 116—118 Idem.

2821 4 p. *Nro.* 124. 125. 126. 128. (La dernière
tronqnée.)

2822 4 p. *Nro.* 124. 125. 128. 129. Anc. et belles épr.

2823 2 p. *Nro.* 133. (tronqué) et *Nro.* 135. Bonne Epr.

2824 15 p. de différentes suites; tachées et dé-
fectueuses.

WATSON, THOMAS.

2825 Elisabeth Comtesse Northumberland, d'apr.
LELY. Fol. en H. Man. noire. Tr. belle épr.

2826 La princesse Sophie Mathilda de Gloucester;
d'apr. REYNOLDS. 4. en L. Belle épr.

Nro. 2827 Portrait d'une dame assise dans un fauteuil ; d'apr. LE MÊME. Fol. en H. Sup. épr. avt. l. l.

2828 3 p. différents portraits.

WEIROTTER, FRANÇOIS EDMOND.

2829 Suite de 12 paysages, dédiés à Mr. Wille. 8. en L. Belles épr.

2830 Suite de 12 p. Vûes de la Normandie. 4. en L. Idem.

2831 Deuxième suite de ruines et paysages ; 4. en Haut. Idem.

2832 2 p. Bateaux remontans et descendans. 4. en L. Idem.

2833 6 p. Marines et Embarquements ; 8. et 4. en L. Idem.

2834 12 p. Div. paysages et Vûes d'Italie. Idem.

2835 12 p. Idem. Idem.

2836 9 p. Idem. Idem.

2837 Suite de 4 p. les saisons ; 4. en L. Prem. Epr. à l'eauf. pûre avant les Ciels etc. Rares.

2838 2 p. Chûte d'eau et Pont rustique ; ce dernier en épr. avt. l. l. Fol. en L.

2839 2 p. Vûes de Vernonnet ; Belles Epr. avec la 1e adresse.

2840 2 p. Fontaine de Meulan et Ruines de St. Maur. Sup. épr. avec la prem. adr.

WEISS, DAVID.

2841 Dione ; d'apr. Hopner. 4. en L. Belle épr.

WENCESLAS D'OLLMUTZ.

2842 St. Sébastien ; *P. G. Vol. VI.* Nro. 30. Bonne épr.

WIERIX, JÉRÔME.

Nro. 2843 8 p. (compris le titre) les 7 vertus d'apr. STRADANUS. 4. en H. Belles épr.

2844 Les péchés capitaux; Id. Id. Id. (manquent 2 p. *Nro.* 2. et 3) 6 Est.

WILLE, JEAN GEORGE.

2845 Le petit physicien, d'apr. NETSCHER. 4. en H. Belle épr.

2846 L'observateur distrait, d'apr. MIERIS. Id. Id.

2847 Jeune joueur d'instrument, d'apr. SCHALKEN. Idem. Idem.

2848 La ménagère Hollandaise, d'après G. DOW. Idem. Idem.

2849 Petite écolière, d'apr. Schenàu. Id. Id.

2850 2 p. Bonnes femmes de Normandie, d'apr. A. WILLE. Idem. Idem.

2851 La mort de Cléopatre, d'apr. NETSCHER. Fol. en H. Idem.

2852 La dévideuse, d'apr. G. DOW. Idem. Idem.

2853 Tricoteuse Hollandaise, d'apr. MIERIS. Id. Id.

2854 2 p. La liseuse et la dévideuse, d'apr. G. DOW. Idem. Idem.

2855 L'instruction paternelle, d'après TERBURG. Idem. Idem.

2856 Le concert de famille, d'apr. SCHALKEN. Id. Tr. belle épr.

2857 2 p. Les musiciens ambulans et les offres réciproques, d'après DIETRICY. Idem. Idem.

2858 Louis Dauphin de france, d'apr. KLEIN. 4. en H. Belle épr.

2859 Frédéric II. Roi de Prusse, d'apr. TOQUÉ. Fol. en H. Idem.

Nro. 2860 Abel Franç. Poisson, marquis de Marigny; d'apr. LE MÊME. Fol. en H. Tr. belle épr.

2861 Jérome d'Erlach, d'apr. RUSCA. Idem. Sup. épreuve.

2862 Jean de Boullogne, Controleur général, d'apr. RIGAUD. Idem. Idem.

2863 Fouquet de Belle-isle; d'apr. LE MÊME. Idem. Idem.

2864 Louis Phélypeaux Comte de St. Florentin. d'apr. TOQUÉ. Idem. Belle épr.

2865 La même p. Première et tr. belle épr. avant le mot *Ministre* et les armes remplies.

2866 2 Portraits dont un - Maurice de Saxe - par Wille, et l'autre par Drevet. Epr. endom.

WILLMANN, M.

2867 L'arbre de Jesse. Gravure à l'eauf. Pet. in Fol. en H. Belle épr.

2868 La décollation de St. Jean Bapt. Id. Id.

WOOLLETT, WILLIAM.

2869 2 p. Jardins anglais; d'apr. HANNAN. Fol. en L. Belles épr.

2870 Vûe du pont du diable en Suisse; d'après PARS. Idem. Idem.

2871 Jacob et Laban; d'apr. CL. LORRAIN. Fol. en L. Tr. belle épr.

2872 Cicero à sa villa; d'apr. WILSON. Fol. en L. Tr. belle épr. avec la 1ère adr.

2873 Solitude; d'apr. LE MÊME. Id. Id.

2874 Niobé, d'apr. LE MÊME. Fol. en L. Tr. belle épr. tronquée un peu vers la droite.

2875 Grand paysage, Appollon, Fol. en L. Trés belle épr. la marge d'en bas coupée.

Nro. 2876 Roman Edifices in Ruins; d'apr. CL. LORRAIN.
Fol. en L. Sup. épr.

2877 Paysage avec un sacrifice devant un temple
placé sur la droite; d'apr. LE MÊME. Fol. en
L. Anc. et tr. belle épr.

2878 Le temple d'Appollon, d'apr. LE MÊME. Fol.
en L. Belle épr. J. Boydell exc.

2879 2 p. The Cottagers et the jocund peasants;
d'apr. DUSART par *Woollett* et *Browne*. Fol·
en H. Sup épr. avec les prem. adresses.

2880 Paysage qui a remporté le premier prix;
d'apr. SMITH. Fol. en L. Anc. et tr. belle épr.

2881 2 Paysages: *Morning et Evening.* Le premier par *Woollett et Pouncy*; le second par
Woollett et Smith; d'apr. SWANEFELT. Fol.
en L. Tr. belles épr. avec les prem. adresses.

2882 La mort du Général Wolfe; d'apr. B. WEST.
Fol. en L. Prem. et sup. épr. à lettres ouvertes.

WOUWERMAN, PHIL.

2883 6 p. Marches et Combats de Cavalerie, Ma-
nèges, Corps de garde, Chasse et autres
sujets, gravés d'aprés Wouwermans par MOY-
REAU et autres graveurs. In Fol. Belles épr.

2884 6 p. Autres. Idem. Idem.

2885 6 p. Autres. Idem. Idem.

2886 6 p. Autres. Idem. Idem.

2887 6 p. Autres. Idem. Idem.

2888 6 p. Autres. Idem. Idem.

2889 6 p. Autres. Idem. Idem.

2890 6 p. Autres. Idem. Idem.

2891 7 p. Autres. Idem. Idem.

Nro. 2892 4 p. Autres, par Aliamet, Basan, Durct et
Patas. Fol. en L. Belles épr.

2893 4 p. Autres, par Moyreau; Gr. in Fol. en L.
Idem.

2894 4 p. autres par Moyreau et Lebas. Idem.
Idem.

2895 4 p. autres, par J. de Vischer et Dankerts.
Idem. Idem.

WYCK, THOMAS.

2896 Les joueurs de Cartes, *P. G. Vol. IV. Nro.*
2. Bonne épr.

2897 La couseuse; *Nro.* 3. Belle épr.

2898 Les joueurs; *Nro.* 4. Idem.

2899 3 p. Le port; le temple; le puits; *Nro.* 7.
8. et 10. Idem.

2900 Les cuisinières prés du puits; *Nro.* 13. Id.

2901 Le retour du marché; *Nro.* 14. Id.

INCONNU, MARQUANT W. S.

2902 Martin Luther assis à un pupitre. *P. G. Vol.*
IX. p. 574. *Nro.* 2. Bonne épr.

YOUNG, JAMES.

2903 Le coucher du soleil; d'apr. HOPPNER. Fol·
en H Man. noire. Bonne épr.

ZASINGER, MARTIN.

2904 Ste. Ursule; *P. G. Vol. VI. p.* 376. *Nro.*
10. Belle épr.

ZEEMANN, REINIER NOOMS, *dit:*

2905 Les ports de la ville d'Amsterdam; *Nro.* 119
—126. (manquent ici les *Nro.* 119. et 121.)
6 Estampes. Anc. et tr. belles épr.

Nro. 2906   10 p. d'une suite d'Embarquements. 4. en L.

2907   12 p. Marines et Embarquements, p. detachées de plus. Suites. — Belles épr.

2908   11 p. Idem. Idem. Idem.

ZINGG, ADRIEN.

2909   2 p. Le matin et le soir; d'apr. DIETRICY. 4. en H. Bonnes épr.

2910   3 paysages, dont deux avant l. l. Fol. en L. Tr. belles épr.

2911   4 p. Marines, Tempêtes etc. d'apr. Vernet. Idem. Epr. a l'eauf. pûre et non achevées.

ZOAN, ANDRÉ.

2912   La danse des quatre femmes, *P. G. Vol. XIII. Nro.* 18. Epr. médiocre.

ZUCCHI, E. ET J.

2913   2 p. Urania et Simplicity; d'apr. Ang. KAUFMANN. 4. en H. Impr. en rouge. Tr. belles épr.

ZUCCHI, LAURENT.

2914   La Ste. Vierge et l'enft. Jésus, entourés de trois têtes de Chérubins. C. MARATTE. Fol. en H. Bonne épr.

2915   3 Portraits: Charles V. par Dom. Custos. — Voltaire par Demautort et Buste d'homme par Falbe. 8. en H.

2916   4 autres: Le prince Ambr. Spinola par P. Isselburg. — J. Hozius par M. Kusell. — 2 Portr. anonymes par Landry et De Larmessin. 8. et. 4. en H.

2917   4 autres: J. C. Doria par M. Lasne. — Henri IV. par Marcenay. — P. Gassendi par Cl. Mel-

lan et Louis XV. et son épouse par J.
Moyreau. Idem. Idem.

Nro. 2918 4 Portraits: Marc - Ant. archéveque; d'apr.
Miereveld. — B. Comte de Castiglione, par
Sandrart. — Buste d'homme par Prestel. —
N. Boil. Despreaux par Ravenet. Idem. Idem.

2919 3 autres: Pierre le grand par Roy. — L'Ario-
ste, par Persinius. — Godart par Schenk
(man. noire.) — Idem.

2920 4 autres: Raph. Donner par Schmutzer, 2 épr.
différ. — J. Locke par Tanjé. — Voltaire par
Tardieu. — Idem.

2921 6 autres: M. Tyroff par lui - même. — L. de
Pontis par P. v. Schuppen. — Elisabeth,
Reine par Vermeulen. — Debruyn et Guill.
Henri Pr. d'Orange par G. Valk. — F. Léo-
nard par Vermeulen. — Idem.

2922 3 Portraits, par Agar, Aubin et Auvray.

2923 5 autres, par Bonnefoy, Bekett et Bloeteling.

2924 6 autres par Bry, Custodis, Cars et Chereau.

2925 4 autres par Clerk, Cunego, Dalen et Daullé.

2926 3 autres par Delff, Desrochers et Edelink.

2927 5 autres, par Eichler, Falk et Faldoni.

2928 3 autres par Fischer, François et Gregori.

2929 5 autres par Hadfield, Hainzelmann, Hodges et Houston.

2930 6 autres par Haward, Huck, Jacobé et de
Jode.

2931 4 autres par Galle, Jode, Jongh et Kininger.

2932 7 autres, par Khol, Koning, Lasne et Lenfant.

2933 5 autres par Lochon, Lombart et Lubin.

2934 3 autres par Hollar, Matham et Mechel.

2935 4 autres par Meyer, Miger et Moor.

Nro. 2936 5 autres par Natalis, Ottaviani, Poilly, Preisler et Prenner.

2937 8 autres par Punt, Rhein, Spierre, Roullet,
Savry etc.

2938 7 autres par Schiavonetti, Schmutzer, Smith,
Stock et Surruge.

2939 7 autres par Surugue, Tostolini, Till et Valk.

2940 11 autres par Suyderhoef, Vangelisty, van
de Velde et Vercruys.

2941 6 autres par Vermeulen, Vogel, Wille et
Wrenk.

2942 9 autres par Wrenk, Zucchi et autres.

2943 3 Portr. d'Anglais, Au burin 8. en H. Sans
noms d'auteurs.

2944 4 Portraits par Cunego, Muller, Sadeler et
Larmessin.

2945 3 autres par Schmutzer et autres.

2946 2 autres en man. noire par Kininger et
Wrenk.

2947 4 autres, en man. noire par Green, Smith
et Watson.

2948 2 autres par Fischer et Jacobé.

2949 3 p. par Mark et Yerma. Belles épr.

2950 2 p. Portraits: Dietrichstein et Woller, par
Kaupertz et Haid.

2951 2 p. Bustes, par Lang et Buchhorn.

2952 4 p. en manière de dessein, par Prestel etc.

2953 2 p. Le faiseur de dettes par Reinhardt, et
la mort du Général Wolf, Copié, par Gut-
tenberg. 4. Belles épr.

2954 3 p. La nativité; Le Christ mort; St. Jean
l'evangeliste; Grav. à l'eauf. par Speer, Ent-
linger et Zimbal. 4. en H. Belles épr.

Nro. 2955 Ste. famille; — Femme à mi-corps, par B. Weiss. — Les trois Croix par Haubenstricker; 3 p. Grav. à l'eauf.

2956 4 p. div. sujets par Schmutzer, Fellner et Kilian. Belles épr.

2957 4 p. par Nahl, Tischler et Wagner. Idem.

2958 4 p. par Mechau, Tuscher, Boetius et Strixner.

2959 2 p. La femme adultère par Vermeulen et un plafond.

2960 2 p. Répos en Egypte par Garnier et la mise au tombeau.

2961 2 p. Joseph par Episcopus; et Susanne par Chr. Jaeger.

2962 2 p. Loth; — Jacob et Laban; — par Swaneburg et Baillu; d'apr. Rubens.

2963 3 p. Fuite en Egypte; Alexandre malade et la bataille des Amazônes.

2964 2 p. L'annonciation et le Christ mort, par de Gheyn et de Jode. Fol. en H.

2965 3 p. par Bolswert et Sanredam.

2966 3 p. par Nolpe et Bolswert.

2967 3 p. par Bloemart et Sanredam.

2968 5 p. différ. sujets, grav. à l'eauf. par différ. graveurs.

2969 3 p. par Munnikhuysen etc.

2970 8 p. Portraits du Cabinet de Teniers, par Vorstermann et autres. Belles épr.

2971 2 p. par Golzius et Ruyter.

2972 11 p. par les Sadeler, Greuter etc.

2973 17 p. par les mêmes.

2974 7 p. par Nypoort, Sichem et autres.

2975 5 p. par Panneels, Dalen, Borcht etc.

Nro. 2976 3 p. Sujets saints, par des maitres italiens. in Fol.

2977 2 p. Le sommeil de l'enf. Jésus; et un Saint en prières. Grav. à l'eauf. par d'anciens maitres italiens. —

2978 3 p. différens sujets; Idem. Idem.

2979 12 p. Les apôtres, gravures à l'eauf. in 8. en H.

2980 3 p. Eauxfortes d'apr. Guido Reni.

2981 2 p. Idem, d'apr. Cantarini etc.

2982 3 p. Idem, d'apr. Carrache.

2983 3 p. Idem. Idem.

2984 2 p. Vierges; Eauxfortes.

2985 5 p. par Golzius, Hollar, Mellan et autres.

2986 5 p. par Chauveau, Dorigny, Mellan et autres.

2987 5 paysages, par Aliamet et autres. Fol. en L. Belles épr.

2988 5 autres, par Godefroy, Vivarez etc. 4. en L. Idem.

2989 Vûe de Boom, d'apr. v. d. NEER par ALIAMET. Fol. en L. Belle épr.

2990 4 p paysages par Bacheley, Frey et Weisbrod. Idem. Idem.

2991 3 p. Clairs de Lune par Aliamet, Duret et Zing. 4. en L. Idem.

2992 3 p. Paysages par Daullé, Zing et Lebas. Fol. Idem.

2993 6 p. Marines; par différ. grav. Fol. en L. Idem.

2994 4 p. Paysages par Bolswert, Chenû et Racine.

2995 4 p. Autres par Lacroix, Dunker et autres. Fol. Belles épr.

2996 6 p. Autres par David, Leveau etc. Idem.

Nro 2997 5 p. autres, d'apr. Wouwerman, par différ. graveurs. Idem.

2998 5 p. Paysages; 8. en L. Belles épr.

2999 5 p. Têtes et bustes; Idem.

3ooo 5 p. Sujets de l'histoire etc. Idem.

3oo1 10 p. Sujets de l'histoire sainte, d'apr. Hemskerk. 4. en L. Belles épr.

3oo2 4 p. par Chênu, Delahaye, Beljambe et Vanloo. Fol. en L.

3oo3 4 p. par Audran, Petau et Tanjé, Fol. en H.

3oo4 4 p. par Henriquéz, Lucien et Pasquier. Id.

3oo5 5 p. par Lebas, Charpentier et Surrugue. Idem.

3oo6 5 p. par Jeaureat, Drevet et autres.

3oo7 4 p. par Baudet, Cl. Mellan et Schuppen.

3oo8 4 p. par Lefebre. Fol. en H.

3co9 6 p. par Cheauveau, Spierre et de la Hyre.

3o1o 6 p. par Beauvarlet, Cochin, Roullet et Larmessin.

3o11 6 p. par Gillot, Aveline et Huquier.

3o12 7 p. par Dupuy, Cars et Racine.

3o13 6 p. par Beauvais, Gaucher, Lucien etc.

3o14 6 p. par Bellange, Nattier, Simoneau etc.

3o15 4 p. par Daullé, Edelink et Heudelot.

3o16 5 p. par Bazin et Flippart.

3o17 5 p. par Aliamet, Bazan et Dorigny.

3o18 5 p. par Couché, Martini et Thomassin.

3o19 6 p. par Duflos, Chereau et Lemire.

3o2o 6 p. par Vignon, Martini et autres.

3o21 6 p. par Crespi, Chereau et Jeaurat.

3o22 8 p. par Jouvenet, Surugue et autres.

3o23 5 p. par différ. Graveurs.

3o24 6 paysages par Runk, Rist, Rosa et autres.

Nro. 3025   10 autres par Boyé, Hegi, Rektorzek et autres.

3026   6 autres dont trois vûes de Mannheim.

3027   4 autres par Strudt, Kininger et Vittinghof.

3028   5 p. divers Portraits.

3029   4 p. Idem. Idem.

3030   4 paysages, par Pelletier et autres.

3031   3 paysages, épr. avt. toutes lettres.

3032   3 portraits, par Drevet, Dupuis et Romanet 8. et 4. en H. Belles épr.

3033   4 p. Sujets saints, par des graveurs flamands.

3034   3 p. dont 2 paysages à l'eauf. par Calendon et Robert.

3035   5 p. par Casenave, Herzinger etc.

3036   4 p. par C. Boel et différ. graveurs.

3037   12 p. Paysages et Marines par différ. maitres de l'ecole flammande. 8. en trav.

3038   9 p. Sujets différents. Idem. Idem.

3039   4 p. Sujets div. par différ. maitres. Fol. en H. et en L.

3040   6 p. d'apr. Rubens, Guerchin etc.

3041   8 p. différ. sujets.

3042   4 différ. Portraits, 8. en H.

3043   3 paysages, par Thiele, Dietzsch et Tootwyk.

3044   4 paysages par Baudouins et Brill.

3045   6 p. div. Têtes et bustes.

3046   8 paysages, par div. graveurs.

3047   9 p. divers sujets.

3048   7 p. Marines; Grav. à l'eauf. in 4. en L. Belles épr.

3049   5 p. paysages et autres sujets.

3050   6 p. Idem. Idem.

3051   10 p. Idem. Idem.

Nro. 3052 12 p. Idem. Idem.

3053 8 p. Idem. Idem.

3054 4 p. par Condé, Cosway et Sinzenich.

3055 4 p. par Ogborne, Pfeiffer etc.

3056 6 p. par Golzius, Saenredam, Muller etc.

3057 9 p. par différens graveurs.

3058 Vûe de la ville de Venise. Anc. Gravure en bois, de 4 gr. morceaux. Belles épr.

3059 3 paysages par Le Gros, Schweikard et Primavesi.

3060 8 autres par div. graveurs.

3061 8 autres. Idem.

3062 3 p. Combat par W. V. Lande. — Paysage en rond, par Vercruysse et autre en H. par J. V. V. — Bonnes épr.

3063 4 p. dont une Madelaine par B. à Bolswert et 3 paysages.

3064 6 p. divers paysages par L. Matthioli. 8. en L. Bonnes épr.

3065 3 p. Tabagies et Musiciens d'apr. Ostade, par Suyderhof, Marin etc.

3066 11 p. Paysages par Sadeler, Morin et Perelle. 4. en L.

3067 4 p. Vûes de Hollande, par Fokke, Noorde et Folkema. 4. et fol. en L.]

3068 4 p. Sujets de l'histoire sainte ; par div. graveurs.

3069 3 p. dont deux portraits.

3070 6 p. par Edelink, Muller et autres.

3071 20 p. paysages et autres sujets.

3072 8 p. par Mogalli, Bonnet et autres.

3073 10 p. par différens graveurs.

3074 6 p. Idem. Idem.

Nro. 3075 6 p. Idem. Idem.
    3076 12 p. Idem. Idem.
    3077 10 p. Idem. Idem.
    3078 20 p. Idem. Idem.
    3079 6 p. Idem. Idem.
    3080 8 p. Idem. Idem.
    3081 6 p. Idem. Idem.
    3082 20 p. Idem. Idem.
    3083 20 p. Idem. Idem.
    3084 20 p. Idem. Idem.
    3085 15 p. Idem. Idem.
    3086 16 p. Idem. Idem.
    3087 20 p. Idem. Idem.
    3088 10 p. Idem. Idem.
    3089 5 p. Idem. Idem.
    3090 4 p. Idem. Idem.
    3091 7 p Idem. Idem.
    3092 8 p. Idem. Idem.
    3093 5 p. Idem. Idem.
    3094 6 p. Idem. Idem.
    3095 8 p. Idem. Idem.
    3096 5 p. Idem. Idem.
    3097 5 p. Idem. Idem.
    3098 2 p. par Sadler et Boivin.[1]
    3099 3 p. par des graveurs italiens.
    3100 4 p. paysages et autres sujets.
    3101 6 p. par divers graveurs.
    3102 8 p. la vie de N. S.
    3103 9 p. Les arts et sciences.
    3104 7 p. différ. sujets.
    3105 7 p. Idem. Idem.
    3106 8 p. Idem. Idem.
    3107 4 p. Idem. Idem.

Nro. 3108 8 p. Idem. Idem.

3109 7 p. Idem. Idem.

3110 8 p. Idem. Idem.

3111 10 p. Idem. Idem.

3112 8 p. Idem. Idem.

3113 7 p. par Aquila, Perrier etc.

3114 3 p. par Brambilla et Fantutti.

3115 16 p. divers Sujets, par différ. graveurs.

3116 12 p. Idem. Idem.

3117 21 p. par Prenner.

3118 8 p. par différ. graveurs.

3119 10 p. Idem. Idem.

3120 10 p. Idem. Idem.

3121 15 p. Idem. Idem.

3122 15 p. Idem. Idem.

3123 7 p. Idem. Idem.

3124 10 p. Idem. Idem.

3125 10 p. Idem. Idem.

3126 11 p. Idem. Idem.

3127 6 p. Idem. Idem.

3128 17 p. Idem. Idem.

3129 18 p. Idem. Idem.

3130 8 p. Idem. Idem.

3131 10 p. Idem. Idem.

3132 17 p. Idem. Idem.

3133 7 p. divers paysages gravés à l'eauforte.

3134 6 p. Div. Sujets, par Bettelini, Michel, Ogborne etc.

3135 2 p. Combat par Romain de Hooghe et une autre p.

3136 2 p. Vûe de Salzbourg. Fol. en L. En couleurs et Vûe d'une grande ville; Epr. à l'eauf. avant toutes lettres.

Nro. 3137 4 p. dont le trajet par Both; *Nro.* 7 Épr. avt. le nom.

3138 Conversation flamande, d'apr. J. V. STEEN. Fol. en H. Man. noire. Belle épr.

3139 5 p. par Hugthenbourg, Rugendas et Hauber.

3140 7 p. Copies, savoir les chevaux de P. Potter; *Nro.* 9 *à* 13. — Paysage de Ruysdael *Nro.* 5. — Et le Portrait de C. von der Rose, d'apr. Hopfer. *p.* 494. *Vol. VIII.* — Tr. belles épr.

3141 Grand paysage gr. au burin; *The Watering Place*, d'apr. LOUTHERBOURG. Fol. en L. Belle épreuve.

3142 Le Christ tenté; d'apr. LE TITIEN. 4. en H. Sup. épr. avt. toutes lettres.

3143 3 p. La Ste. famille; La peinture couronée, et l'adoration des bergers. Fol. en H. et en L.

3144 Le Christ aux anges. Gr. Fol. en H. Épr. endommagée.

3145 La présentation au temple. Gr. morceau en L. composé de 2 feuilles. Belle épr.

3146 Vénus ôtant l'arc à l'amour, d'apr. LE CORRÈGE. Fol. en H. Épr. avt. toutes lettres.

3147 L'ecóle d'Athènes, deux fois par deux anciens graveurs différents, et une autre p. avec arabesques. Fol. en L. 3 Est.

3148 6 p. dont Mercure et Venus par Burgmayer; *Nro.* 1. — Soldat assis *P. G. Vol. X. p.* 149 *Nro.* 16. Copie — et 4 Saints grav. en bois marquées du *Monogramme* 1585. *de Brouillot, Sect. II.*

3149 2 p. La déscente aux limbes, *P. G. VI. p.*

348 *Nro.* 12 — et Vierge folle, *ibid. p.* 390. *Nro.* 1.

Nro. 3150   2 p. avec enfants, par de vieux maitres.

3151   Différens animaux, d'aprés H. ROOS, par Adam de Bartsch. Suite de 7 estampes; *Nro.* 212 — 218. Très belles épreuves.

3152   Autre Suite de 6 p. différens animaux, d'aprés divers maitres Hollandais, par LE MÊME; *Nro.* 219 — 224. Prem. épreuves avant les Nros. et l'adresse.

3153   10 p. Marines et Vûes de Londres.

3154   6 p. Sujets champêtres et autres, par Cardon. Ogborne et Vivares.

3155   6 p. Idem. par différ. graveurs.

3156   Un paquet contenant quelques grandes estampes, Cartes geograph. Vûes de villes etc.

3157   Contours pour la tragédie de Goethe intîtulée: Faust. 25 feuilles avec texte in 4. en L.

3158   30 p. Portraits d'artistes peintres et graveurs, vûs en buste à mi-corps; gravés par Hollar, Pontius, de Jode, de Baillû et autres. 8. en H. Chaque portrait porte une inscription française dans la marge du bas.

3159   71 p. Equisses et Etudes de tous genres d'occupations, gravées à l'acqua-tinta, par *H. Pyne.* Fol. en L. Belles épr.

3160   Recueil de 74 portraits: Le pape Alexandre VII. es ses cardinaux, gravés par *Clouvet Picart, Valet, Testana* et autres. Bonnes épreuves.

3161   Collection de 50 Estampes d'apr. *Cipriani,* dont 46 par *R. Earlom,* et les quatre autres par *Bartolozzi, Kirk* et *Legat.* À la tête de

ce Recueil le Portrait de Cipriani, d'apr.
RIGAUD par *Earlom*. Belles épr. (Manquent
à cette collection les *Nros*. 10. 45 et 46.)

Nro. 3162 Nouveaux dessins de différens Ornements,
par *J. B. Hagenauer*. 42 Cahiers, grav. en
taille - douce.

3163 La guerre de la France, avec quantité d'anciennes gravures par *Périssin* et *Tortorel*.
1569 et 1570. Fol.

3164 Livre broché contenant 60 p. Etudes de figures et de soldats d'apr. *Salv. Rosa*. Gravures à l'eauf. in 4.

3165 Cahier avec 6 estampes représent. les Batailles d'Alexandre, d'apr. Lebrun. Á Paris *chez
les frères Poilly*. Pet. in Fol. en L.

3166 Cahier contenant 33 pl. représentant des
poissons, amphibies et reptiles, grav. par
Kirschner. Fol. en L.

3167 88 p. divers Sujets par *Kusell*.

3168 30 feuilles, Etudes pour le dessin.

3169 Dissertation sur les statues du groupe de
Niobé; avec 20 gravures. Florence 1779. Fol.

3170 Der Mahler und Baumeister - Perspectiv,
par Andr. Pozzo. Augsbourg 1706. Fol. Texte
latin et allemand.

3171 Anatomia del corpo humano, composta per
M. Giov. Valverde di Hamusco. Roma 1559.
Fol. Avec figures par d'anciens graveurs
italiens.

3172 Livre de dessin, par J. D. Preisler. Nürnberg 1740. Fol. Avec texte allemand.

3173 Barth, Anfangsgründe der Muskellehre,
Vienne 1786. Fol.

Nro. 3174 Säulenbuch; Nürnberg, Hofmann. Fol.

3175 Winters, G. S., Adelige Stuterey, avec texte en quatre langues. Nürnberg 1672. Fol.

3176 Merian, M. Topographie du Palatinat. 645. Fol·

3177 Vignola, 5 Säulenordnung, Nürnb. 1782. 4.

3178 Knorr, G. W. Allgemeine Künstler-Historie avec beaucoup de portraits. Nürnb. 1759. 4.

3179 Leclerc, Seb., Abhandlung der Baukunst. Nürnberg 1759. 4.

3180 Rembold, J. C. Perspectiva practica. Augsbourg 1710. 4.

3181 Les ordres des Colonnes; avec 181 estampes. 4.

8182 Belidors Ingenieur-Wissenschaft. Nürnberg 1757. 4.

3183 Da Vinci, Tractat von der Mahlerey; Nürnberg 1724. 4,

3184 L'Art de dessiner et 5 autres ouvrages.

3185 Un paquet avec des gravures en bois de la cosmographie de Munster.

3186 Studi di pittura, sur les dessins de J. B. PIAZZETTA. par *M. Pitteri.* Venezia 1760. In Fol. obl. relié.

3187 Livre relié contenant Cent estampes, Statues d'apr. l'antique, par *Français Perrier.* Rome 1638. Fol.

3188 41 p. Les peintures du Vatican; d'apr. RAPHAEL. En un Vol. broché.

3189 Livre d'architecture, par W. Dietterlein; Strasbourg 1594 contenant quantité d'estampes à l'eauforte. In Fol.

3190 L'Art de l'Escrime, Scienza d'armi par Salvatore Fabris. Copenhague 1606. In Fol.

Nro. 3191 La nouvelle muse, Vûes de jardins, grottes,
Statues etc. par Guill. Beyer; Vienne 1784. Fol.

3192 Vasari, Vite dé piu eccellenti Pittori etc.
Roma 1759. 4.

3193 170 p. Vûes de l'intérieur de la ville de
Vienne en Autriche d'apr. s. KLEINER. par *J.
A. Pfeffel.* Fol. en L. Tr. belles épr.

3194 Chodowieckis und Schmidts Werke; par Jacobi. Berlin 1808. et 1815. 8.

3195 20 différents Catalogues, dont ceux de Wa-
terloo et de Guido Reni par A. de Bartsch.

3196 20 autres Catalogues de Vente.

3197 20 autres. Idem.

3198 23 autres. Idem.

3199 Cahier contenant 6 feuilles de parchemin;
in Folio.

3200 Rouleau contenant 12 p. en tr. grand format, dont 3 morceaux des batailles d'Alexandre par G. Audran; quatre autres batailles
par Herz; 2 p. Vûe et plan de Rome etc.

3201 Différents Portefeuilles, Cartons, Papiers,
etc. seront vendûs sous ce Nro.

DESSINS.

ABEL, JOSEPH.

Nro. 1 Diane et Endymion. Dessin à l'encre de la chine rehaussé de blanc. Fol. en L.

2 Deux anges apparaissant à la Ste. Vierge endormie sur la fuite en Egypte. Superbe dessin au bistre et à l'encre de la chine, rehaussé de blanc. Fol. en L.

ALTEMONTE.

3 Le jugement dernier; au bistre. Gr. Fol. en H.

4 14 p. différ. esquisses pour des tableaux d'autels et de plafonds. A l'encre de la chine et en couleurs.

5 9 différ. dessins, projets pour des tableaux d'autels. Sur papier bleu, à l'encre de la chine rehaussée de blanc. Fol. en H.

6 12 autres; au bistre et à l'encre.

7 24 autres; Idem. Idem.

8 17 autres; Idem. Idem.

AMICONI.

9 Jésus Christ nourissant 5000 personnes. A la sanguine. In Fol. en L.

AVED, P. V.

10 La Ste. Vierge et l'enfant Jésus. A la pierre noire, rehaussée de blanc. 4. en H.

Nro. 11 La Madelaine consolée par un ange; à l'encre de la chine. Idem.

BALZER, ANT.

12 9 p. Paysages et Vûes de Saxe; Lavés au bistre et à l'encre. 4. en L.

BARCA, J. G.

13 Vûe d'un temple de la Minerve. Beau dessin à la seppia. Fol. en L.

BARTOLOZZI, FRANÇOIS.

14 2 p. Sur chacune deux femmes. A la sanguine. 8. en H.

BARTSCH, ADAM DE.

15 2 p. Vieillard assis et l'enlèvement [de Proserpine. Dessins au trait, d'aprés lesquels feu Mr. de Bartsch a gravé les *Nros.* 182. et 311. de son oeuvre.

16 Intérieur d'une chambre avec quatre fumeurs, groupés autour d'une table. Au bistre. 4. en L.

17 Séance du Conseil de l'Academie des beaux arts. A la plume. 1781. Fol. en L.

BEMMEL, P. VAN.

18 Paysage avec un grand arbre placé sur le devant. Lavé à l'encre de la chine. 4. en H.

BERGHEM, N.

19 Etude de différentes figures de bergers et bergères. A l'encre de la chine. 4. en H.

BEYER, J. DE.

20 Vûe du chateau de Hellmondt en Flandre. A l'encre de la chine. 4. en L.

BOGUET.

Nro. 21 Vûe d'Italie, Beau dessin à la pierre noire. Gr. in Fol. en H.

BOSCH, JÉRÔME.

22 Portrait de Pierre Breughel. En couleurs. 8. en H.

BRANDT, CHR.

23 5 paysages, à la mine de plomb et au bistre. 8. en H. et L.

24 Paysage avec cabanes et Colombier. A la sanguine. Fol. en L.

25 Paysage avec rochers. Sur le devant trois paysans assis à terre, à coté d'un cheval tenû par un garçon. En couleurs, in 4. en H.

BRAND, FR.

26 6 paysages, au bistre et à l'encre de la chine. 8. en H. et L.

27 6 paysages, Esquisses à la mine de plomb et à la pierre noire. Fol.

28 8 autres; Idem.

29 2 paysages avec les vûes d'un vaste pays. A l'encre de la chine. 8. en L.

30 3 p. Vûe d'un hameau, d'un chantier et de Stein sur le danube. Esquisses au pinceau à l'encre de la chine et à la mine de plomb.

31 Les coupeurs de roseaux; *das Rohrschneiden im Prater.* A la mine de plomb fixée au moyen d'un vernis. 8. en L. Ce dessin a été gravé par l'artiste même.

32 Paysage avec un vieux saule sur le devant, derrière lequel un paysan et une paysanne. A la sanguine. Fol. en L.

Nro. 33 Paysage avec rochers sur la droite et trois blanchisseuses sur la gauche. A la mine de plomb sur parchemin, couvert d'un vernis. Fol. en L.

34 Paysage avec les ruines d'un chateau. A la mine de plomb sur pean d'âne. Fol. en H.

35 Vûe d'un parc. Sur le devant deux hommes devant un monument surmonté d'un Sphinx. Beau dessin à la mine de plomb sur parchemin. Fol. en H.

36 Vûe de la taille de pierre pour la gloriette de Schoenbrun. Au crayon noir. Fol. en L.

37 Vûe de la porte d'entrée de Stein. A l'aquarelle. 4. en H.

38 Une vûe du Prater. A l'aquarelle. 4. en H.

39 Vûe d'un village situé sur le danube. Dessin à l'aquarelle, in fol. en L.

BREUGHEL, p.

40 Paysage avec rochers. A la plume et à l'encre de la chine. Fol. en L.

41 Combat de paysans. En couleurs. 4. en L.

BRUSON, j.

42 3 paysages avec monuments. Ebauchés legèrement en couleurs. 8. en L.

BÜHLMAYER, françois.

43 Paysage avec berger conduisant cinq moutons. A la seppia. Fol. en L.

44 Paysages où l'on voit dans le fond les murs d'un parc. A l'encre de la chine. Fol. en H.

45 Paysage avec un pont de bois sur le devant. Esquisse en Couleurs à l'huile. Fol. en H.

CARRACHE, a.

Nro. 46 La Ste. Vierge et l'enfant Jésus. Dessin à la plume d'apr. un tableau du Corrège. Pet. in Fol. en H.

CHEAUVAU, fr.

47 2 p. avec enfants, répresentant la Peinture et la Sculpture. A la pierre noire. Frises en L.

CONTI, c.

48 4 p. Vûe d'un village; Intérieur d'une forêt; et deux Etudes d'un arbre. À la sanguine. In Fol.

49 3 p. Paysages avec Chûtes d'eau. D'apr. nature. Idem. Idem.

CORREGGIO, ant. allegri dit.

50 La Ste. Vierge et l'enfant Jésus. Croquis à la plume. 4. en H.

51 Etude d'une femme assise. Au crayon rouge. Fol. en H.

COULITZ, p.

52 9 p. Vûes d'anciens monuments d'Italie. Lavées à l'encre de la chine. 4. en H. et L.

DALENS, tierey.

53 2 p. Paysages avec pecheurs et chasseurs. A l'aquarelle. In Fol. en H.

DORIGNY, n.

54 St. Sèbastien. A la pierre noire. Fol. en H.

DYCK, ant. van.

55 Portrait du Marquis de Mirabelle. A la pierre noire. 4. en H.

EISEN, F.

Nro. 56 Groupe de mendiants. Au crayon noir et blanc.
4. en L.

ESS, VAN.

57 Deux saints adorant la Ste. Vierge. A la plume
lavée d'encre bleue. 4 en H.

FISCHER, JOS.

58 Paysage. Esquisse en couleurs faite sur le
Schneeberg. Fol. en H.

59 Oie morte placée dans un paysage. A la pierre
noire. Fol. en L.

FONTEBASSO, FRANÇOIS,

60 Pastorale, où l'on voit sur le devant une femme
couchée et endormie. Composition de neuf figures faite à la plume lavée d'encre de la chine.
On y a joint l'estampe gravée à l'eauf. par le
dessinateur même. 2 p.

FRANCESCHINI.

61 Deux enfants assis dans un paysage. A la sanguine. Fol. dans un ovale.

FUGER, H.

62 Mucius Scévola devant Porsenna. Dessin au
bistre, gr. in Fol. en L. non achevée.

GAUERMANN, J.

63 2 paysages. Vûes d'après nature. En couleurs,
8. en L.

GOYEN, VAN.

64 2 Paysages avec vûes de villages, Croquis à la
p. noire. 8. en L.

GRUNER, v.

Nro. 65 2 p. Amoureux dans un jardin. A l'aquarelle.
4. en H.

GUARDI, JOACH. DE.

66 4 p. Vûes prises dans la ville de Venise. Dessins à gouache. 8. en L.

GUERCHIN, LE.

67 St. Jérôme à genoux devant un livre. A la Sanguine. 4 en H.

HADERER.

68 12 p. Vûes prises dans le Bruhl et les environs
de Mödling. Jolis dessins au Bistre. 4. en L.

HAVLE, JOSEPH.

69 Paysage avec montagnes au pied desquelles une
rivière, 1795. Lavé à l'encre de la chine. 4. en L.

HEIDLOFF, J.

70 2 p. d'apr. Molitor; Vûes prés de Vienne; A
la mine de plomb sur parchemin. 8. en L.

71 2 p. Vûe de Neusiedl et Paysage avec Cabane.
En Couleurs. 4. en L.

72 Paysage d'une vaste étendûe, avec Vûe donnant sur la mer. Beau dessin à gouache fait
en 1810. Gr. in Fol. en L.

HOHENBERG, DE.

73 Vûe d'un temple avec péristile et Colonnes. A
l'encre de la chine. Fol. en H.

HOLBEIN, THÉRÈSE.

74 Paysage aride, avec pont de bois que passent
un pâtre, 2 vaches et un chien. Joli petit dessin à gouache. 8. en L.

JANSCHA, J.

Nro. 75   2 p. Paysans en marche; à la sanguine et Paysans en conversation; en Couleurs. — 8.

JORDAN, JOH. HERM.

76   4 p. avec grappes de raisin. Dessins délicats sur parchemin, faits à la plume et à l'encre. 4. en H.

77   2 p. Vases avec fleurs et insectes. Idem. Idem.

KESSELHEIM, JEAN.

78   Grand paysage avec un bois au pied d'une montagne élévée. A la Seppia et à l'encre de la Chine. Fol. en H.

KININGER, V.

79   Cheval harnassé, monté par l'Empereur. Au crayon noir, rehaussé de blanc. Fol. en H.

KLENGEL.

80   Deux p. Paysages avec pâtres et animaux. A la plume et au bistre. 4. en L.

81   Paysage avec garçon couché, gardant des chèvres. Idem. Idem.

82   Paysage d'Italie, coupé d'une rivière, aux bords de laquelle un troupeau de moutons. A la Seppia. Idem.

KOBELL, FERD.

83   2 paysages avec pièces d'eau sur le devant. Au bistre et à l'encre de la chine. 8. en L.

KOBELL, HENDRICK.

84   Marine avec quantité de vaisseaux 1778. Beau dessin à l'aquarelle. Fol. en L.

*

Nro. 85 Autre marine, réprésentant la prise de la ba-
leine sur les côtes de la Groenlande. Idem. Idem.

KOELBL, A.

86 4 p. Vûes du Prater; Esquisses à la p. noire
8. en L.

LEONARDIS, JACQUES.

87 3 p. Leda, Ganymède et Venus; d'apr. l'antique. A l'encre de la chine. Fol. en H.

MECHAU, J. G.

88 Paysage avec rochers et grand arbre prés duquel une femme poursuit un enfant. Beau dessin au bistre, fait en 1789. Fol. en H.

MERIAN, M.

89 4 p. Paysages avec voyageurs à pied et à cheval. A la plume et à l'encre. 8. en L.

MEULEN, VAN DER.

90 2 p. Marches du Roi de France. Croquis aux fu-
sins et à la sanguine. In Fol. en H. et L.

MINDT, FRIEDLY *dit* LE RAPHAEL DES CHATS.

91 Groupe de trois chats dont un chasse des
mouches. Beau dessin en couleurs. 4. en L.
92 Autre groupe avec trois chats, jouant autour
d'une pierre. Idem. Idem.
93 Danse d'enfants. Idem. Idem.
94 Course d'enfants. Idem. Idem.

MOESMER, JOS.

95 2 petits paysages en ovale. A gouache sur papier bleu.
96 3 autres in 8. en L. A l'aquarelle.
97 2 autres en rond. A l'aquarelle.

Nro. 98 3 p. avec garçon et fille reposant par terre. En couleurs. 8. en L.

99 Paysage avec un chateau en ruines situé sur une hauteur de la g. A l'aquarelle. 4. en L.

100 Intérieur de forêt, avec un monument sur la droite et deux cerfs vers la gauche. Dessin en coul. sur pap. bleu; 4. en L.

101 Paysage avec grand arbre planté sur une élévation de la droite. Dessin à gouache. 4. en L.

102 Paysage montagneux, avec cascade sur le devant de la gauche. A l'aquarelle. 4. en H.

103 Paysage boisé avec une p. d'eau sur le devant, au bord de laquelle deux vaches et trois moutons. Beau dessin à l'aquarelle. 4. en L.

104 Paysage montagneux avec chutes d'eau. A l'aquarelle. 4. en H.

105 Vûe d'une basse-cour avec volaille, vaches et moutons. A l'aquarelle. 4. en L.

106 Paysage au clair de lune. Sur le devant de la gauche un chasseur avec son chien. Beau dessin à gouache. Pet. in Fol. en L.

107 Paysage au lever du soleil. Beau dessin à gouache. Pet. in Fol. en L.

108 Paysage avec un moulin à eau entouré d'un bois touffu. Sup. dessin en couleurs. Fol. en L.

MOLITOR, m. de.

109 Portrait de M. de Molitor. En couleurs. 4. en H. par un anonime.

110 4 p. dont trois paysages et l'Etude d'une vache. Esquisses au Crayon et à la plume.

111 2 p. Paysages avec ruines. A la pierre noire. 8. en L.

Nro. 112 3 p. Esquisses de paysages ; Au crayon et à l'encre de la Chine. 8. en L.

113 3 p. Paysages à la pierre noire. 4. en L.

114 ·2 p. avec ânes chargés. A la pierre noire sur papier jaune. 4. en L.

115 2 p. Paysages dont un au crayon et l'autre ébauché eu couleurs. 8. en L.

116 2 p. Intérieurs de forêts. Croquis à la p. noire. 8. en L.

117 6 p. Paysages esquissés à la mine de plomb. 4. en L.

118 4 p. Paysages avec cabanes. A la p. noire. 4. en L.

119 4 p. Croquis de paysages. A la p. noire, à la seppia et en couleurs.

120 3 p. Paysages avec groupe d'arbres et Vûes de villages. A la p. noire. Fol. en L.

121 3 p. Croquis de paysages, à la p. noire et à l'encre de la Chine. 4. en L.

122 3 autres dont deux sur papier bleu, à la p. noire. Idem.

123 5 p. Esquisses d'un Verre et de quatre paysages.

124 2 p. Intérieurs de forets, dont un à la p. noire sur pap. bleu et l'autre à l'encre de la chine. Fol. en L.

125 2 p. Paysages et Vûes. A l'encre de la chine. Fol. en L.

126 6 p. Esquisses de différ. paysages. A la p. noire, à la mine de plomb et à l'encre de la chine. Différ. formats.

127 4 p. Croquis de paysages, dont deux sur pap. bleu.

Nro. 128 2 p. Paysages avec moulin. A la pierre noire. Fol. en L.

129 2 paysages avec Cabane et moulin à scier. A la pierre noire. Fol. en L.

130 2 p. Paysages avec grand arbre et lisière d'un bois. A la p. noire. Fol. en L.

131 2 p. Etudes d'un rocher et d'un tronc d'arbre A la mine de plomb et à la p. noire. Fol. en L.

132 2 p. Paysage aride et Entrée d'une ferme. A la pierre noire. Fol. en L.

133 4 p. Paysages, esquissés à la pierre noire sur papier bleu. Fol. en L.

134 4 autres; Idem. Idem.

135 2 p. Esquisses de paysages. A l'encre de la Chine.

136 Paysage avec un pont de bois, pratiqué entre des rochers. A la p. noire. Fol. en L.

137 2 p. Etude d'un arbre et paysage avec la vûe d'un lac. A la pierre noire. In Fol.

138 2 p. Un cochon couché, à la Sanguine et Intérieur de fôret, au bistre. 8. en L.

139 2 p. Paysages in 12. en ovale et in 8. en L. Au bistre et á la Seppia.

140 Le grand chène à Frosdorf. A l'encre de la Chine. Fol. en L.

141 2 p. Paysages avec écluse et troupeau. Ebauchés au bistre. Fol. en L.

142 2 p. Portrait, à la pierre noire; 8. en H. Esquisse d'une resurrection, à l'encre de la Chine; Fol. en L.

143 2 paysages dont un à la Seppia et l'autre à l'encre de la Chine. 8. en H. et L.

Nro. 144   2 p. Paysages avec chute et pièce d'eau. Au bistre et à l'encre de la Chine. 8. en L.

145   2 p. Paysages in 12. et in 8. en L. A l'encre de la Chine.

146   2 p. Paysage avec chaumière, à la pierre noire; et Paysage avec troupeau, à l'encre de la chine. 4. en L.

147   Paysage avec rocher. A l'encre de la chine. Fol. en L.

148   2 p. Intérieur d'une grange avec femmes occuppées, et Cage avec volaille. Au bistre. 4. en L.

149   Paysage avec chateau en ruines situé sur une hauteur de la gauche. A la pierre noire rehaussée de blanc. Fol. en L.

150   Paysage avec quatre vaches gardés par un pâtre assis sur la droite à l'entrée d'une fôret: à la p. noire et au bistre, mélés de blanc. Fol. en L.

151   4 paysages, Etudes d'apr. nature. A l'encre de la chine, au bistre et à la sanguine. 8. en L.

152   2 Paysages, avec cabane rustique et ancienne tour en ruines. Au bistre. 8. en L.

153   Vûe de mer au clair de la lune, avec une barque à voile sur le devant de la gauche. A l'encre de la chine sur pap. bleu. 4. en L.

154   Paysage d'une vaste étendûe. Sur le devant une rivière avec une petite barque conduite par un homme. A la Seppia. Fol. en L.

155   Campagne d'Italie avec les restes d'un ancien temple. Dessin non terminé; Au bistre avec quelques couleurs; fol. en L.

Nro. 156 Vûe de la Cour d'une maison. Esquisse en couleurs. Fol. en L.

157 Petit paysage avec pièce d'eau sur le devant de la droite, au bord de laquelle deux femmes agénouillées; joli dessin en couleurs. 8. en H.

158 Petit paysage. Sur la gauche un bouquet d'arbres, à coté desquels deux figures dont une se baisse pour ramasser des pierres. Joli dessin en couleurs. 8. en L.

159 3 paysages dont deux en rond et le troisième in 8. en L. Jolis petits Dessins en couleurs.

160 Petit paysage au clair de lune. Esquisse à l'huile. 8. en L.

161 Paysage montagneux avec pièce d'eau dans laquelle un paysan précède un cheval. Joli dessin à l'aquarelle. 4. en L.

162 2 Paysages, à l'un un berger assis sous la voûte d'un rocher, à l'autre un bouquet d'arbres touffûs plantés sur une élévation de la droite. Dessins à gouache. 4. en L.

163 Paysage avec bouquet d'arbres planté sur une élévation en bas de laquelle trois femmes à coté d'une petite cascade. Charmant dessin en couleurs. 4. en L.

164 Paysage avec cascades et trois vaches gardées par un patre couché sur son ventre. Beau dessin en couleurs sur papier bleu. 4. en L.

165 Paysage avec deux garçons assis sur la droite à l'ombre de deux grand arbres. Dessin d'un bel effet, au bistre et à l'encre de la chine. Fol. en L.

Nro. 166 Paysage avec plantation de pins, à coté d'une petite cascade. Beau dessin à gouache. 4. en H.

167 Paysage avec rivière et pont de pierre, animé de figures et de bétail. Superbe dessiu à gouache. Fol. en L.

168 Entrée d'une forêt où l'on voit trois vaches et trois brébis gardées par un garçon et une fille. Magnifique dessin en cculeurs. Fol. en L.

169 Paysage avec cascade sur la droite où l'on voit une montagne élevée, surmontée de fabriques. Beau dessin à la Seppia, rehaussé de blanc et de jaune. Fol. en H.

170 Paysage montagneux avec un lac sur lequel trois nacelles. Beau dessin à gouache. Gr. in Fol. en L.

171 Paysage représentant l'entrée d'une forêt où repose un patre en face de son troupeau. Morceau capital à gouache, provenant du Cabinet Hoppe. Fol. en L.

172 Fileuse assise à coté d'un berger endormi à l'entrée d'un bois. Ils sont entourés de leur troupeau, parmi leqeel une vache blanche qui se frotte contre un tronc d'arbre. Dessin à gouache, de première qualité provenant du Cabinet Hoppe. Fol. en L.

Les deux dessins précédents ont été gravés par B. Piringer. On y a joint ces estampes en sup. épreuves avt. l. l.

NAVOLANE.

173 La peste des philistins. A l'encre de la Chine. Fol. en H.

OESER, E. A.

Nro. 174 Bacchanale; au pinceau et à l'encre. 4. en H· Cintré.

175 Montagne avec rocher surmonté d'un vase. A l'encre de la chine. Pet. in Fol. en L.

OTTONI, THÉRÈSE.

176 Buste colossal au crayon noir, dessiné a Rome en 1807. Gr. in Fol. en H.

PFORR.

177 Trois chevaux dans un paysage. A l'encre de la chine. 8. en L.

PLATZER, JOSEPH.

178 10 p. Dessins d'architectures, Decorations, Intérieurs d'eglises et autres.
179 10 p. Idem.
180 16 p. Idem.
181 19 p. Idem.
182 31 p. Idem.
183 11 p. Idem.

RECHBERGER, FR. DE.

184 2 Paysages; Croquis à la plume, lavés d'encre de la chine. 4. en L.

185 Deux petits paysages avec études d'arbres. Au bistre. 8. en H.

REINHARDT, C.

186 Grand paysage pris dans les environs de Rôme. Superbe dessin au bistre fait en 1807. Fol. en L.

RIEDINGER, J. EL.

Nro. 187 7 p. Etudes de Chiens de chasse, à la sanguine et à la pierre noire.

188 5 p. Etudes d'un Bacchus assis et de quatre
chevreuils tués. Idem.

ROOS, HENRI.

189 2 p. Vûes de ruines. Touchées légèrement à
l'encre de la chine. Fol. en H.

190 3 p. différ. Etudes par H. Roos, Dietricy et
Castiglione.

191 Deux grands paysages avec pâtres et troupeaux. Beaux dessins à la Seppia, dans le
goût de H. Roos. Fol. en H.

ROOS. T. H.

192 18 p. avec brébis et autres animaux. A la
pierre noire, in 8.

RUGENDAS, G. PHIL.

193 2 p. Combats de Cavalerie; à l'encre de la
chine et en Couleurs. Fol. en L.

194 5 p. Cavaliers, Etudes d'animaux et d'Anatomie.

RUNK, FR.

195 Vûe prise d'apr. nature. A l'aquarelle. Fol.
en L.

SACCHETTI, L.

196 5 p. Décorations d'architecture. Au bistre et
en couleurs. Fol. en L.

SAFTLEVEN, HERMANN.

197 Paysage avee deux arbres sans feuilles sur la
gauche et paysan avec paysanne réposant vers

le milieu à côté d'une petite hauteur. Beau
dessin à l'encre de la chine provenant du
Cabinet Ettling à Frankfort s. M. On y a
joint l'estampe gravée à l'aquatinta par Marie
Cath. Prestel. — 2 p. in 4. en H.

SCHMUTZER, J.

Nro. 198 Le jugement de Midas. A l'encre de la chine.
Fol. en L.

199 Paysage avec rochers au pied desquels repose
un paysan. A la Seppia. Fol. en H.

SCHOUMANN, ARTHUR.

200 Dame assise sur un gazon et jouant de la
guitarre. En couleurs. 4. en H.

STORCK, A.

201 Port de mer, avec trois vaisseaux qui saluent.
Lavé à l'encre de la chine. 4. en L.

TEMPESTI, BAPT.

202 Le corps mort de Jesus Christ, posé sur une
pierre. A la sanguine. Fol. en L.

TIEPOLO, J. B.

203 Fuite en Egypte, Etude à l'encre de la chine.
4. en L.

WAGNER, J. G.

204 Paysage, Vûe d'Italie avec trois pâtres et
leurs troupeaux. Joli dessin à l'encre de la
chine. 4. en L.

205 Paysage, avec charriot passant prés d'un hameau. Joli petit dessin à gouache. 8. en L.

WEIROTTER, F. E.

Nro. 206 Vûe de la bibliothèque de la Villa Adrienne
à Tivoli. Dessin à la sanguine, daté du 11
Juillet 1764. 4. en L.

207 Paysage avec Canal sur lequel naviguent des
barques. A la sanguine. Fol. en L.

WILLE, J. G.

208 Les carrières de Menilmontant. Au bistre.
Pet. in Fol. en L

WOUWERMANN. PH.

209 Paysage avec deux cavaliers à coté de leurs
chevaux. A la pierre noire melée de coups de
pinceau d'encre de la chine. 4. en L. Tachée d'huile.

210 3 p. dont 2 têtes et une Etude d'homme à
génoux. Premiers prix remportés par J. M.
Hess, Ant. Spreng et Jos. Stöber. Aux crayons
noir, brun et blanc. Fol. en H.

211 17 p. par différens artistes.

212 15. p. Idem. Idem.

213 20 p. Idem. Idem.

214 15 p. Idem. Idem.

215 15 p. Idem. Idem.

216 17 p. Idem. Idem.

217 20 p. Idem. Idem.

218 15 p. Idem. Idem.

219 16 p. Idem. Idem.

220 5 p. Idem. Idem.

221 6 p. Dessins par différ. maitres.

222 10 p. Têtes d'apr. Raphael.

223 20 p. par différ. maîtres.

Nro. 224 8 p. Idem. Idem.
225 12 p. Idem. Idem.
226 12 p. Idem Idem.
227 10 p. Idem. Idem.
228 12 p. Idem. Idem.
229 12 p. Idem. Idem.
230 12 p. Idem. Idem.
231 6 p. Idem. Idem.
232 12 p. Idem. Idem.
233 15 p. Idem. Idem.
234 50 p. Idem. Idem.
235 12 p. Idem. Idem.
236 10 p. Idem. Idem.
237 28 p. Idem. Idem.
238 20 p. Idem. Idem.
239 7 p. Idem. Idem. Coloriées.
240 10 p. Idem. Idem.
241 40 p. Idem. Idem.
242 20 p. Idem. Idem.
243 15 p. Idem. Idem.
244 10 p. Idem. Idem.
245 50 p. Idem. Idem.
246 15 p. Idem. Idem.
247 15 p. Idem. Idem.
248 4 p. Idem. Idem.
249 16 p. Idem. Idem.
250 6 p. paysages par différ. auteurs.
251 6 p. autres; Idem.
252 6 p. autres; Idem.
253 3 p. autres; Idem.
254 6 p. Sujets divers.
255 6 p. Venus et l'amour et autres Sujets.
8. en H.

Nro. 256   2 p. Tête de Madeleine et un Sujet mythologique, en couleurs. 8. en H.

257   6 p. différ. Sujets. 8. en H.

258   3 Paysages. En couleurs. 8.

259   13 p. dont 4 Vûes en couleurs.

260   4 p. différ. Sujets, en couleurs.

261   5 p. Portraits historiques en médaillons sur parchemin. à la mine de plomb et à l'encre de la chine.

262   7 p. paysages, dont 4 d'apr. H. Roos.

263   2 p. Paysage à l'encre de la chine par Landerer, et Tempête de mer, en couleurs sur peau d'âne.

264   4 p. paysages divers.

265   3 p. Idem. Idem.

266   2 paysages dont un en couleurs.

267   2 p. Junon et Hebé, d'apr. Hamilton. A la sanguine. Fol. en H.

268   5 paysages, dont quatre à la sanguine et le cinquième à l'encre de la chine.

269   7 p. dont 6 architectures et un Vase avec fleurs.

270   44 p. différens dessins par de vieux maitres·

271   17 p. Idem par Perin del Vago, Burini et autres.

272   18 p. différ. dessins par de vieux maîtres.

273   20 p. Idem. Idem.

274   12 p. Idem. Idem.

275   10 p. div. paysages.

276   Environ 200 p. différentes esquisses.

277   40 p. différ. dessins.

278   30. p. Idem. Idem.

279   10 p. Idem. Idem.

Nro. 280 8 p. Idem. Idem.
281 15 p. la plupart Portraits.
282 16 p. différens Sujets.
283 25 p. Idem. Idem.
284 24 p. Idem. Idem.
285 12 p. Idem. Idem.
286 80 p. Idem. Idem.
287 12 Idem. Idem.
288 15 Idem. Idem.
289 27 Idem. Idem.
290 32 Idem. Idem.
291 27 Idem. Idem.
292 12 Idem. Idem.
293 12 Idem. Idem.
294 12 Idem. Idem.
295 12 Idem. Idem.
296 6 Idem. Idem.
297 60 Idem. Idem.
298 12 Idem. Idem.
399 20 Idem. Idem.
300 15 Idem. Idem.
301 12 Idem. Idem.
302 12 Idem. Idem.
303 10 Idem. Idem.
304 12 Idem. Idem.
305 6 Idem. Idem.
306 10 Idem. Idem.
307 10 Idem. Idem.
308 11 Idem. Idem.
309 18 Idem. Idem.
310 34 Idem. Idem.
311 20 Idem. Idem.
312 10 Idem. Idem.

Nro. 313 17 Idem. Idem.

314 6 Idem. Idem.

315 20 Idem. Idem.

316 20 p. différens paysages etc.

317 20 p. différens Sujets.

318 3 p. Idem. Idem.

319 Collection de 80 p. Paysages et Vûes de différentes villes. A plusieurs la date de 1599.

320 8 paysages en croquis; par Grimaldi, Weirotter et autres.

321 Grand paysage avec ermite assis sur la gauche
du devant. A la seppia. Gr. in Fol. en H.

322 Livre contenant 61 dessins la plupart Croquis
de paysages à l'encre et au bistre. 4. en H.
et en L.

323 3 grands dessins par St. Aubin et Bartoli.

324 3 autres, dont la mort de César et deux architectures.

325 Beau dessin en couleurs avec différ. oiseaux
morts placés sur une élévation de terre.

326 6 p. différ. paysages.

327 3 p. paysages, dont un avec cascades.

328 La Ste. famille. Beau dessin au bistre. Fol. en H.

329 Auguste et Cleópatre. Idem. Fol. en L.

330 4 paysages dont trois sur papier bleu.

331 Paysage vû au clair de la lune. A l'encre de
la chine sur pap. bleu. Fol. en L.

332 Paysage avec les restes d'une tour ronde. Dessin au bistre, reh. de blanc. Fol. en L.

333 Paysage avec cascades et écluses. Aux crayons
noir et blanc. Fol. en L.

334 Livres avec études de dessin de tout genre.

Au titre : Studi di Giacomo Cavedone , Guido
Reni e Flaminio Torri.

Nro. 335 Livre contenant 170 Dessins ayant pour titre :
Raccolta di vari studj dei Carracci , Brizzi ,
Cavedone, Lanfranco e altri etc.

336 Différents dessins encadrés , sous glace et
autres objets seront divisés sous ce Nro.

n.º 53